Digitale Gamebooks in der Bildung

Bodo Möslein-Tröppner · Willi Bernhard

Digitale Gamebooks in der Bildung

Spielerisch lehren und lernen mit interaktiven Stories

Mit Downloadink zum Muster-Gamebook

Bodo Möslein-Tröppner
DHBW Ravensburg
Ravensburg, Deutschland

Willi Bernhard
Fernfachhochschule Schweiz
Brig, Schweiz

ISBN 978-3-658-21348-0   ISBN 978-3-658-21349-7   (eBook)
https://doi.org/10.1007/978-3-658-21349-7

Die Deutsche Nationalbibliothek verzeichnet diese Publikation in der Deutschen Nationalbibliografie; detaillierte bibliografische Daten sind im Internet über http://dnb.d-nb.de abrufbar.

Springer Gabler
© Springer Fachmedien Wiesbaden GmbH, ein Teil von Springer Nature 2018

Gedruckt auf säurefreiem und chlorfrei gebleichtem Papier

Springer Gabler ist ein Imprint der eingetragenen Gesellschaft Springer Fachmedien Wiesbaden GmbH und ist ein Teil von Springer Nature
Die Anschrift der Gesellschaft ist: Abraham-Lincoln-Str. 46, 65189 Wiesbaden, Germany

Vorwort

Spielen ist die einzige Art, richtig verstehen zu lernen.
Frederic Vester, Systemforscher

Digitale Gamebooks in der Bildung – Spielerisch lehren und lernen mit interaktiven Stories stellt eine neue Methode der Wissensvermittlung vor. Mit dieser Methode können Lerninhalte mithilfe der modernen Medien interaktiv, spielerisch und kollaborativ vermittelt werden – wann und wo die Lernenden dies wünschen.

Ein sogenanntes Gamebook ist eine fiktionale Textvorlage, die ursprüglich in Buchform und mittlerweile immer häufiger in digitaler Form erhältlich ist. Der Leser – der zugleich Spieler und Lernender ist – nimmt an einer Geschichte selbstwirksam teil. Er trifft ständig eigene Entscheidungen, die den weiteren Handlungsverlauf beeinflussen. Wenn einem Gamebook beispielsweise eine Kriminalgeschichte zugrunde liegt, kann der Leser deren Ausgang durch die Auswahl vorgegebener Hinweise selbst mitbestimmen („Blättere zu Seite A, wenn du glaubst, dass X der Mörder ist; wenn nicht, blättere zu Seite B").

Bisher wurden Gamebooks in der Buchbranche hauptsächlich als Unterhaltungsliteratur oder in der Computerspielindustrie als digitale Videogames, z. B. als Adventure Games, angeboten. Ziel dieses Buches ist es hingegen, digitale kollaborative Gamebooks als alternative und zeitgemäße Methode zur Wissensvermittlung in der Bildung zu etablieren – sei es an Schulen, Hochschulen, Universitäten oder in Unternehmen.

Die in diesem Buch dargestellte Methode zur Anfertigung von digitalen Gamebooks stellt eine Innovation dar. Digitale Gamebooks wurden zwar in der Bildung bisher als Lehr- und Lernmethode eingesetzt, jedoch ohne kollaborative Elemente. Mithilfe der hier vorgestellten Methode es möglich, beliebig viele

Kollaborationsbausteine in das Gamebook zu integrieren. Dieses Buch liefert daher eine fundierte und detaillierte Handlungsanleitung zur einfachen Erstellung von digitalen Gamebooks mit kollaborativen Elementen. Damit ist es möglich, verschiedenste Lerninhalte in ansprechender Form als digitales Gamebook aufzubereiten und spielerisch zu vermitteln.

Aus lernpsychologischer Sicht sind die positiven Wirkungen des spielerischen, kollaborativen Lernens für Schüler, Studenten oder Mitarbeiter inzwischen wissenschaftlich nachgewiesen. Jedes Kind entdeckt die Welt spielerisch und in Gemeinschaft. Ebenso verlaufen verschiedenste Lernprozesse nach denselben Mustern. Der Aspekt der Selbstwirksamkeit gilt zudem als wesentlicher Faktor für erfolgreiches Lernen. In den digitalen Gamebooks werden diese Punkte umgesetzt.

Unsere Leserinnen und Leser laden wir herzlich ein, Fragen, Anregungen und Ergänzungen gerne direkt an uns, die beiden Autoren Bodo Möslein-Tröppner (moesleintroeppner@dhbw-ravensburg.de) und Willi Bernhard (willi.bernhard@ffhs.ch), zu übermitteln.

Für die Unterstützung bei der Verwirklichung dieses Werks möchten wir dem Verlag Springer Gabler, insbesondere Rolf-Günther Hobbeling, recht herzlich danken.

Ravensburg (D)   Bodo Möslein-Tröppner
Brig (CH)   Willi Bernhard
im November 2017

Inhaltsverzeichnis

Abbildungsverzeichnis

Tabellenverzeichnis

Inhaltsverzeichnis

Zusammenfassung

Das erste Kapitel gliedert sich in in fünf Abschnitte. Der Abschn. 1.1 stellt die digitalen Gamebooks als neuartige Methode der Wissensvermittlung in der Bildung kurz vor. Es wird erläutert, auf welche Art und Weise Lerninhalte mit dieser Methode interaktiv, spielerisch und kollaborativ vermittelt und erlernt werden können. Abschn. 1.2 geht auf die Entstehungsgeschichte digitaler Gamebooks ein. Es werden die Anfänge des traditionellen Gamebooks beschrieben und erklärt, wie Gamebooks ursprünglich zur Wissensvermittlung eingesetzt wurden. Dann wird die neuere Entwicklung der digitalen Gamebooks erläutert. Der Abschn. 1.3 gibt einen Einblick in die grundlegende Funktionsweise eines digitalen Gamebooks anhand eines Demobeispiels. Im Abschn. 1.4 werden wiederum Effekte und Wirkungen erörtert, die sich bei der Nutzung eines digitalen Gamebooks für die Lernenden ergeben. Abschn. 1.5 zeigt abschließend die Einsatzgebiete von digitalen Gamebooks in der Bildung.

© Springer Fachmedien Wiesbaden GmbH, ein Teil von Springer Nature 2018
B. Möslein-Tröppner und W. Bernhard, *Digitale Gamebooks in der Bildung*,
https://doi.org/10.1007/978-3-658-21349-7_1

1.1   Digitale Gamebooks als neuartige Lernmethode in der Bildung

Spielerisches Lernen erfreut sich im Bildungsbereich einer immer größeren Nachfrage – egal, ob an Schulen, Hochschulen, Universitäten oder in Unternehmen. Dies ist nicht verwunderlich, denn schließlich kennen und praktizieren alle Säugetiere inklusive des Menschens das Spiel in unterschiedlichen Weisen. Sie schätzen es als erste Lernform gleich von Geburt an.

Digitale Gamebooks schaffen die Möglichkeit, auf diese Nachfrage zu reagieren. Es handelt sich dabei sich um eine neuartige Form der digitalen Wissensvermittlung. Vorher festgelegte Inhalte lassen sich in einfacher Form so aufbereiten, dass sie spielerisch erlernt werden können – und dies durch Nutzung beliebiger digitaler Geräte wie PC, Laptop, Tablet oder Smartphone.

Das Gamebook (übersetzt: Spielbuch) wurde ursprünglich ausschließlich in gedruckter Form zum Erzählen und Lesen von Geschichten verwendet. Der Leser nimmt direkten Einfluss auf die Handlung des Geschehens und zwar nach dem folgenden Prinzip: Das gesamte Buch ist in mehrere, i. d. R. mehr als hundert, nummerierte Abschnitte unterteilt. Schon am Ende des ersten Abschnitts wird der Leser vor die Wahl gestellt, wie die Geschichte weitergehen soll. Je nachdem, wie er sich entscheidet, geht die Geschichte bei einem jeweils anderen Abschnitt weiter. Dieser Ablauf wird so lange fortgeführt, bis man entweder zum Ende des Buches oder in einen Abschnitt gelangt ist, der das Ende der Hauptfigur darstellt.

Im folgenden Beispiel wird das Prinzip des Gamebooks anhand eines kurzen Auszugs aus dem digitalen Gamebook „In 150 Tagen zur Master-Thesis" dargestellt. Abb. 1.1 verdeutlicht diesen Ablauf. Der Held des Gamebooks, der zugleich der Verfasser der Masterthesis ist, unternimmt eine Weltreise, bei der er einen Wissenschaftspreis erringen kann. Auf seinem Weg stellen sich ihm unzählige Aufgaben in den Weg. Der Lerninhalt stammt aus dem Modul „Kolloquium zur Master-Thesis", das Informatik-Masterstudenten einer Hochschule zum Abschluss ihre Studiums durchlaufen. Der Lernende hat an mehreren Terminen jeweils Aufgaben zum fortgeschrittenen Stand seiner Thesis vorzustellen. Das dazugehörige Gamebook begleitet ihn spielerisch bei der Lösung der Aufgaben.

Prinzip des Gamebooks
Abb. 1.1

Schon bist du vor dem Büro von Dr. Padlock. Du brauchst nicht mal anzuklopfen, denn die Türe ist offen und Dr. Padlock hat dich bereits entdeckt. „Komm herein, wie war doch noch dein Name?", spricht er aus vollem Munde. Du gibst dich als Andrea zu erkennen und er bittet dich sogleich ins Büro hinein.

Schon spricht er wieder zu dir: „Ich habe bereits vernommen, dass du dich um Literatur für deine Thesis kümmerst. Lass mich aber von vorne beginnen, welche Aufgabe hat für dich das Referenzieren von Literatur in deiner Thesis?"

Du brauchst etwas Zeit, um die Antwort zu finden, aber dann ist es klar für dich:

- Mit dem Referenzieren sehe ich, dass ich mich mit dem aktuellen Wissen des Themas auskenne. Und die Verwendung fremder Texte ohne Kennzeichnung wird dadurch vermieden (Plagiat)

- Die Literatursuche ist so schwer, weil ich nicht weiß, auf was ich mich konzentrieren soll

- Literatursuche und Referenzieren sind sehr zeitaufwendig und bringen nichts

Abb. 1.1 Prinzip des Gamebooks. (Quelle: Eigene Darstellung)

Für den Helden, der zugleich der Schreiber der Masterthesis ist, stellt sich die Aufgabe, welchen Zweck das Referenzieren für die Thesis hat. Er hat drei Antwortmöglichkeiten, von denen ihn nur eine weiterbringt. Bei den anderen beiden Antwortmöglichkeiten wird er im nächsten Schritt aufgefordert, nochmals in den verlinkten Dokumenten zu recherchieren.

Insgesamt besteht ein Gamebook zu Bildungszwecken aus drei Bestandteilen, wie in Tab. 1.1 abgebildet. Der Lerninhalt (1) stellt dabei den Ausgangspunkt dieser Lehr-/Lernmethode dar. Hinzu kommen die Story (2) als Kernstück des Gamebooks sowie das Spiel an sich (3). Der Teilnehmer nimmt dabei zugleich die Rolle des Lernenden, Lesenden und Spielenden ein. Lerninhalt, Geschichte und Spiel unterscheiden sich entsprechend der Anforderungen, die sich beispielsweise aus der Zielgruppe und der zeitlichen Vorgabe ergeben.

Um den *Lerninhalt* vermitteln zu können, bedarf es anfangs der Auswahl und Eingrenzung eines geeigneten Stoffgebiets. Darauf basierend folgt dessen Unterteilung in einzelne Teile mit jeweils eigenen Lernzielen. Abschließend werden die Aufgaben zum Erreichen der Lernziele festgelegt.

Neben dem zu vermittelnden Lerninhalt stellt die *Story* einen Bestandteil des Gamebooks dar, welcher die Aufgaben in der gewünschten Reihenfolge einbindet.

Tab. 1.1 Bestandteile eines Gamebooks in der Bildung. (Quelle: Eigene Darstellung)

Lerninhalt	Geschichte (=Story)	Spiel (=Game)
Auswahl und Eingrenzung des Lerninhalts	Erzählung eines Geschehens oder einer verbundenen Reihe von Ereignissen, ob wahr oder fiktiv	Spieltyp
Strukturierung des Lerninhalts in einzelne Teile mit jeweils eigenen Lernzielen	Erleben des Teilnehmenden (=Lernenden und Spielenden) aus der Ich-Perspektive	Spiellogik
Festlegung der Aufgaben je Lernziel	Überschaubare Handlung und Figurenkonstellation	Spielziele und spielerische Herausforderungen

Die Story erzählt ein Geschehen bzw. eine verbundene Reihe von Ereignissen aus der Ich-Perspektive. Der Lesende, der zugleich der Lernende ist, erlebt die Handlung unmittelbar selbst. Es empfiehlt sich, die Handlung und Figurenkonstellation der Geschichte in einem überschaubaren Rahmen zu halten.

Um den Lerninhalt und die Story zu einem Gamebook werden zu lassen, bedarf es abschließend eines *Spiels*. Das Spiel wird in der Hauptsache durch den Spieltyp, die Spiellogik sowie die Spielziele und die spielerischen Herausforderungen festgelegt.

Gamebooks sind der Rubrik der Serious Games (übersetzt: ernsthafte Spiele) zugeordnet (Zheng und Gardner 2016). Darunter versteht man Spiele, die zum einen Information und Bildung vermitteln sollen und andererseits der Unterhaltung dienen. Das Lernen eines sogenannten ernsthaften Inhalts erfolgt spielerisch. Gamebooks kommen in der Regel in digitaler Form vor. Dies hängt hauptsächlich damit zusammen, dass Gamebooks in herkömmlicher Buchform für die Lernenden größtenteils unpraktisch und zu starr in der Handhabung sind.

Bendel (2017) definiert den Begriff der Digitalisierung folgendermaßen:

▶ **Definition Digitalisierung** „Der Begriff der Digitalisierung hat mehrere Bedeutungen. Er kann die digitale Umwandlung und Darstellung bzw. Durchführung von Information und Kommunikation oder die digitale Modifikation von Instrumenten, Geräten und Fahrzeugen ebenso meinen wie die digitale Revolution, die auch als dritte Revolution bekannt ist, bzw. die digitale Wende. Im letzteren Kontext werden nicht zuletzt „Informationszeitalter" und „Computerisierung" genannt."

Unter einem digitalen Gamebook wird gemäß dieser Definition die digitale Modifikation des in ursprünglicher Buchform vorliegenden Gamebooks verstanden. Durch die Einbindung der digitalen Komponente ergeben sich für den Lernenden,

Tab. 1.2 Digitale Modifikation des ursprünglichen Gamebooks. (Quelle: Eigene Darstellung)

Lernender/ Spieler	• Zeit- und ortsunabhängiger Zugriff auf das digitale Gamebook durch beliebige digitale Geräte wie Laptop, Tablet und Smartphone • Jederzeit aktualisierte spielrelevante Wertgrößen (Ressourcen wie Zeit, Geld, Bonus-/Maluspunkte), die durch den Spieler direkt beeinflusst werden; Kollaborationsmöglichkeiten mit anderen Spielern
Lehrperson	Zeit- und ortsunabhängiger Zugriff auf den • aufgabengenauen Lern- und Wissensstand der Spieler und • Stand der Zusammenarbeit in den virtuellen Kollaborationsräumen
Entwickler	• Computerbasierte Erstellung des Gamebooks • Plattformunabhängige Software • Ablageort des Gamebooks in der Cloud, auf einem Server oder einer Learning-Plattform, die weltweit zugänglich ist • Kollaborationsräume, die im Ablageort oder auf der Online-Plattform zugänglich sind

die Lehrperson und den Gamebook-Entwickler die in Tab. 1.2 dargestellten Änderungen gegenüber der analogen Variante.

Der Lernende, der Leser und Spieler zugleich ist, erhält die Möglichkeit, mit dem Gamebook zeit- und ortsunabhängig zu lernen, wenn er über ein digitales mobiles Gerät (Laptop, Tablet, Smartphone) verfügt. Da das digitale Gamebook auf der Grundlage von HTML funktioniert, kann zum Spielen ein beliebiges browserfähiges Gerät benutzt werden.

Der Dozierende besitzt einen ebenfalls zeit- und ortsunabhängigen Zugriff auf den aufgabengenauen Lern- und Wissensstand der Spieler. Ebenso hat er jederzeit Einblick in den Stand der Zusammenarbeit in den virtuellen Kollaborationsräumen.

Der Entwickler, der den Lerninhalt in das digitale Gamebook integriert, kann mit einer Gamebook-Entwicklungssoftware relativ einfach ein Gamebook erstellen, welches plattformunabhängig betrieben werden kann. Des Weiteren sind ein weltweit zugänglicher Ablageort für das Spiel und eventuell virtuelle Kollaborationsräume besonders interessante Bestandteile. Dadurch erleichtert sich der Aufwand für Entwicklung und Betrieb eines Gamebooks beträchtlich. Die Bestandteile *Lerninhalt, Story* und *Spiel* können auch durch ein Team unterschiedlicher Personen auf einfache Weise zu einem digitalen Gamebook zusammengefasst werden.

Zudem handelt es sich beim digitalen Gamebook um eine *Lernmethode*. Nach Menzel (2000, S. 6–13) werden Lernmethoden als Verfahren, Strategien oder strukturierte Handlungsmuster bezeichnet,

- die eine Zielsetzung, das Erkennen eines Problems oder eine präzise Aufgabenstellung benötigen.
- die immer in Zusammenhang mit dem Inhalt stehen.
- mit deren Hilfe bestimmte Ziele erreicht, ein Problem gelöst oder eine Aufgabe bewältigt werden können.
- die standardisiert sind und bestimmte Handlungsstrukturen bzw. -regeln haben.
- die intersubjektiv sind und von allen Nutzern auf die gleiche Weise angewendet werden können.
- die eine weitestgehend selbstständige Handhabung ermöglichen.
- die sich auf andere ähnlich strukturierte Aufgaben übertragen lassen.

Digitale Gamebooks erfüllen als Lernmethode alle aufgeführten Punkte.

1.2 Entwicklungsgeschichte von digitalen Gamebooks

Das Prinzip, das dem Gamebook zugrunde liegt, wurde bereits in 1950er Jahren für gezielte Lernzwecke angewendet. So entwickelte der Psychologe B. F. Skinner das Lerninstrument des sogenannten programmierten Lernens, das einen Vorläufer des Gamebooks darstellt (Skinner 1954, S. 120).

Das programmierte Lernen beruht darauf, den gesamten Lernstoff in kleine Einheiten aufzuteilen. Bei korrekter Wiedergabe wird der Lernende dadurch „belohnt", den nächsten Lernschritt durchführen zu dürfen. Der Lernende ist somit in der Lage, sich das Wissen im Selbststudium schrittweise anzueignen und den Lernerfolg selbst zu kontrollieren. Diesem Ablauf liegt ein kybernetisches Lernkonzept zugrunde, das auf der Idee des Feedback-Loops basiert. Abb. 1.2 verdeutlicht die Entwicklungsstufen vom programmierten Lernen hin zum digitalen kollaborativen Gamebook.

Als kollaborativ bezeichnet man Lernformen, bei denen eine gegenseitige Verpflichtung der Lernenden zu einer koordinierten Anstrengung zwecks der gemeinsamen Lösung des Problems vorliegt (Roschelle und Teasley 1995, S. 70). Entscheidend bei einer Kollaboration ist demnach das sich wechselseitig beeinflussende und koordinierte Einbringen der jeweiligen Kollaborationspartner im Hinblick auf eine gemeinsame Problemlösung. Nach Stoller-Schai (2009, S. 36) kollaborieren Subjekte oder Objekte zur Erreichung einer bestimmten Sache, die sie jeweils für sich getrennt betrachtet nicht selbst erreichen könnten. Im Fall der kollaborativen digitalen Gamebooks ist es durch die virtuelle Plattform u. a. möglich, eine Aufgabe zu stellen, die nur gemeinsam gelöst werden kann. Zudem gibt es weitere kollaborative Elemente wie z. B. gegenseitiges Feedback in virtuellen Gruppenräumen.

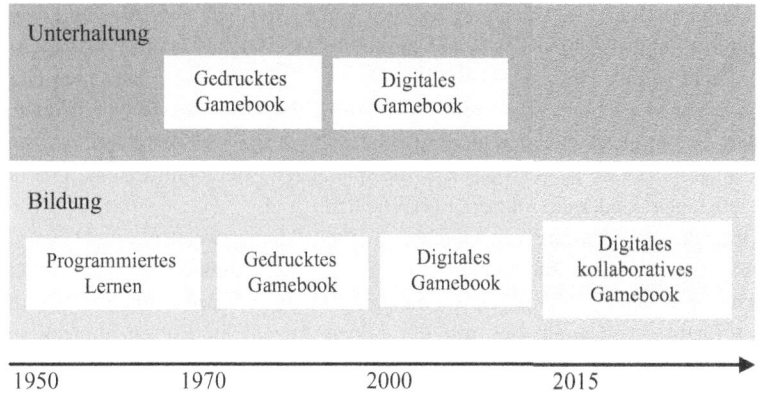

Abb. 1.2 Entwicklungsstufen bis zum digitalen kollaborativen Gamebook. (Quelle: Eigene Darstellung)

Eine Besonderheit bieten digitale kollaborative Gamebooks, wenn sie im Blended-Learning-Unterricht eingesetzt werden. In diesem Fall lassen sich die kollaborativen Elemente sowohl im Präsenz- als auch im Fernunterricht einsetzen. Beispielsweise können während der E-Learningphase Gruppenlernprozesse angestoßen und Gruppenarbeiten durchgeführt werden, die dann im Präsenzunterricht behandelt werden. Das gemeinsame Lernen verschiedener Lernender und deren wechselseitige Unterstützung und Zusammenarbeit steht dabei im Vordergrund (Bader 2001).

Grundsätzlich lassen sich die Gamebooks in zwei Kategorien einteilen – die Gameboooks zur Unterhaltung (Entertainment) und zur Bildung (Education). In beiden Fällen handelte es sich ursprünglich um Einzelspielerspiele, die durch unvollständige Information und das Zufallsprinzip gekennzeichnet waren.

Bei den Gamebooks zu Unterhaltungszwecken fand mit Beginn der 1970er Jahre eine Professionalisierung statt. Als Beispiel dafür lässt sich die bekannte *„Choose Your Own Adventure"*-Serie anführen. Diese Serie wurde bis 1998 mit immer neuen Buchauflagen bei Bantam Books vertrieben. Seit 2005 wird „Choose Your Own Adventure" unter anderem als Computerspiel angeboten. Digitale Gamebooks erfreuen sich mittlerweile einer immer größeren Beliebtheit bei den Online-Spielen. Während der Leser bei ursprünglichen Gamebooks wie *Die Insel der 1000 Gefahren* je nach Auswahl an einer anderen Stelle des Textabenteuers weiterliest, funktionieren Spiele-Apps ähnlich – meist jedoch schöner, bequemer und vor allem interaktiv. Als Beispiel sei hier die Spiele-App

80 Days (von Inkle; in Anlehnung an Jules Vernes *Reise um die Erde in 80 Tagen*) angeführt. Ziel des Spiels ist die Umrundung des Globus – eine Aufgabe, die sich leicht anhört. Doch die Handlung spielt im Jahr 1872, also lange vor einem weltweiten Flugliniennetz, Google Maps und GPS. Über Reisemöglichkeiten in andere Städte muss man sich hier aufwendig durch Fragen oder per Karten-Kauf informieren. Bei *80 Days* ist das Ziel die spielerische Herausforderung, innerhalb von 80 Tagen wieder am Startort zu erscheinen.

Was die Entwicklung von Gamebooks zu Bildungszwecken angeht, wurden diese in den letzten Jahrzehnten des vergangenen Jahrhunderts als gedruckte Bücher nur äußerst sporadisch verwendet. Dies liegt hauptsächlich daran, dass das Prinzip des Gamebooks mit der hohen Anzahl an Entscheidungen eine beträchtliche Anzahl unterschiedlicher Wege erzeugt und daher nur unter großem Aufwand umgesetzt werden kann. Ein Beispiel für ein gedrucktes Gamebook findet sich bei Bailey (2003), in dem das Gamebook als Anleitung für die Fitness-schulung von Kindern und Jugendlichen verwendet wird.

Da digitale Gamebooks in der Bildung mittlerweile auf einfache Weise entwickelt und angewendet werden können, sind sie in vielfältiger Weise anzutreffen. Dabei beschäftigen sich die Lerninhalte mit Softwareentwicklung, Statistik, Mathematik, Politik, Sprachkursen, Entscheidungsfindung, Naturwissenschaften und vielen weiteren Themen.

Bücher, die sich mit der Entwicklung und Erstellung von digitalen Gamebooks beschäftigen, sind mittlerweile ebenfalls häufiger anzutreffen: Miller (2009) schlägt Ausbildern ein „Edutainment Game Book" vor, mit dem sie die Ausbildung „aufpeppen" können. Von Figueiredo und Bidarra (2015) wird ein Ansatz vorgestellt, in dem ein digitales Gamebook für Schüler der vierten bzw. fünften Klassen zur Schulung in Umweltfragen entwickelt werden kann. Das dort vorgestellte Gamebook trägt den Titel *Abenteuer im Guadiana River* und läuft auf einer Unity3D-Plattform. Fleming (2015) beschäftigt sich mit Hobbys, die in einem Gamebook gestaltet werden können.

1.3   Funktionsweise eines digitalen Gamebooks

Ein digitales Gamebook funktioniert in der einfachsten Grundform wie ein in Buchform gedrucktes Gamebook. In einer textbasierten Geschichte wird der Leser, der auch Spieler ist, regelmäßig mit verschiedenen Auswahltexten konfrontiert, die – je nach seiner Entscheidung – den weiteren Verlauf der Geschichte unterschiedlich bestimmen.

Im Fall einer Abenteuergeschichte könnte sich der Hauptdarsteller – den man selbst spielt – auf einer Segelreise befinden und plötzlich auf Land stoßen. Im Gamebook werden dann zum Beispiel drei Möglichkeiten angegeben, von welchen man eine auswählen soll: 1) Ankere dein Schiff am Strand und gehe an Land, 2) Drehe sofort um und suche das Weite, 3) Segle dem Strand entlang und warte, bis die Nacht einbricht. Entsprechend der Wahl von (1), (2) oder (3) nimmt die Geschichte dann einen anderen, vordefinierten Verlauf.

Beim digitalen Gamebook erfolgt der Zugriff auf den Text elektronisch, d. h. über computerisierte Geräte wie Laptops, Tablets oder Smartphones. Das ermöglicht dem Spieler eine Vielfalt von Zusatzfunktionen, welche mit einem auf Papier gedruckten Gamebook nicht möglich sind.

Bereits beim Einstieg kann das digitale Gamebook die persönlichen Daten des Spielers aufnehmen und diese im Spiel abspeichern. Dazu zählen beispielsweise Name und persönliche Eigenschaften des Spielers. Damit wird der weitere Verlauf des Gamebooks personalisiert, da sich das Spiel auf den eingegebenen Namen und weitere Eigenschaften bezieht. Die Eigenschaften ändern sich durch die Einflussfaktoren im weiteren Verlauf der Geschichte ständig. Durch die kontinuierliche Synchronisierung sind die aktuellen Daten jedoch jederzeit verfügbar.

Digitale Gamebooks ermöglichen zudem den Einbezug beliebiger Ressourcen wie Zeit, Geld oder Erfahrungs- und Lebenspunkte, welche vom individuellen Spielverlauf abhängig sind und digital gespeichert werden. Damit erhöhen sich die spielerischen Möglichkeiten innerhalb eines Gamebooks, weil die Ressourcen sich spielerspezifisch ändern und damit einerseits einen direkten Einfluss auf den Spielverlauf haben und andererseits ein Wettbewerb mit anderen Spielern möglich wird. Ein Gewinner kann also durch die Analyse seiner Ressourcen ermittelt werden, beispielsweise derjenige, der am schnellsten (kleinste Anzahl verbrauchter Tage) das Ziel erreicht und dabei am wenigsten Geld verbraucht hat oder schlicht derjenige, der am meisten Erfahrungspunkte auf seinem Konto gesammelt hat.

Die Speicherung von Daten innerhalb des Gamebooks setzt dabei nicht zwingend eine Online-Verbindung zum Internet voraus. Digitale Gamebooks können auch lokal auf einem Gerät benutzt werden, ohne dass eine Internet-Verbindung bestehen muss. Wenn aber Wettbewerb oder Kooperation mit anderen Spielern ein Bestandteil sein soll, ist eine Internet-Verbindung oder zumindest ein anderer Kanal zur Datenübertragung erforderlich. Nachfolgend wird die Funktionsweise eines digitalen Gamebooks mithilfe des einfachen Demonstrationsbeispiels *Eisenhower-Matrix* erläutert.

▶   Auf der Webseite http://www.gamebook.ch/dgb/eisenhower ist dieses Gamebook hinterlegt.

Hintergrund
Dem amerikanischen Präsidenten Dwight Eisenhower wird das folgende Prioritätenprinzip im Zeitmanagement zugerechnet (Wellmann und Zelms 1995). Das sogenannte Eisenhower-Prinzip ist eine Möglichkeit, anstehende Aufgaben zu kategorisieren. Anhand der Kriterien „Wichtigkeit" (wichtig/nicht wichtig) und „Dringlichkeit" (dringend/nicht dringend) gibt es vier Kombinationsmöglichkeiten. Die vier unterschiedlichen Aufgaben werden A-, B-, C- und D-Aufgaben genannt und auf vier Quadranten verteilt (Quadrant I, II, III und IV). Jedem Aufgabentyp wird eine bestimmte Art der Bearbeitung zugewiesen: A (wichtig/dringend) bedeutet „Aufgabe sofort erledigen". B (wichtig/nicht dringend) hat „terminieren und selbst erledigen" zur Folge. Aufgaben des Typs C (nicht wichtig/dringend) sind „an kompetente Mitarbeiter zu delegieren". D-Aufgaben (nicht wichtig/nicht dringend) werden nicht erledigt.

Die Funktionsweise des digitalen Gamebooks *Eisenhower-Matrix* wird nachfolgend exemplarisch erläutert. Es besteht aus den beiden aufeinanderfolgenden Bausteinen (1) und (2), deren Ablaufstruktur in den Abb. 1.3 und 1.4 dargestellt ist. Der ausformulierte Text findet sich in den Tab. 1.3 und 1.4.

Das Ziel dieses Gamebooks ist es, die gegebenen Situationen im Arbeitsalltag mithilfe der sogenannten Eisenhower-Matrix erfolgreich zu bewältigen. Erfolgreich ist derjenige, dem es gelingt, die vorgegebenen Aufgaben innerhalb von sechs Stunden zu absolvieren. Das Spielziel besteht also darin, innerhalb einer bestimmten Zeit die Aufgaben zu bewältigen. Bei den Stunden handelt es sich um die im Spiel ablaufenden virtuellen Stunden, die nicht der real verlaufenden Zeit entsprechen. Das Lernziel des einfachen Demonstrationsbeispiels ist darin zu sehen, die Eisenhower-Matrix als Hilfsmittel der Aufgabenplanung kennenzulernen.

▶ Spielen Sie zuerst das fünfminütige Demo-Beispiel (http://www. gamebook.ch/dgb/eisenhower) ein bis zwei Mal auf unterschiedliche Art und Weise durch. Lesen Sie sodann weiter und sehen Sie, wie ein digitales Gamebook während des Spielens funktioniert. Sollten Sie das Spiel nicht per Internet spielen, können Sie die Funktionsweise des Gamebooks alternativ auch mit den Abb. 1.3 und 1.4 sowie den Tab. 1.3 und 1.4 nachvollziehen. Die digitalen interaktiven Elemente sind dann aber nicht verfügbar.

Am Anfang des Spiels wird der Spieler aufgefordert, seinen Namen einzugeben. Das Spiel spricht den Spieler anschließend mit dem eingegebenen Namen an und erklärt diesem das Ziel des Spieles. Es ist also nicht notwendig, eine Bedienungsanleitung beizufügen. Sämtliche Informationen, die der Spieler zum Spielen benötigt, werden ihm während des Spielverlaufs gegeben. Zeitgleich wird zu Beginn ein Bild sichtbar, das dem Spieler einen ersten Eindruck vom Spiel

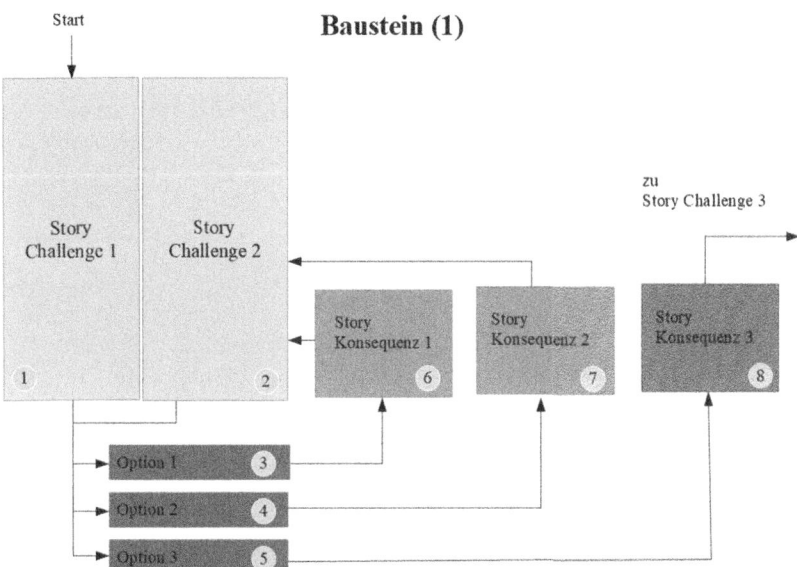

Abb. 1.3 Ablaufstruktur des Bausteins (1) – „Digitales Gamebook Eisenhower-Matrix". (Quelle: Eigene Darstellung)

vermittelt. Grundsätzlich können digitale Gamebooks auch Bilder, Animationen, Videos, Audiodateien und Ähnliches einbeziehen. In dem Maße, in dem multimediale Inhalte integriert werden, wird die Vorstellungskraft des Spielers beeinflusst und somit die gewollte Wirkung von Gamebooks begrenzt. In der Regel bieten die dargebotenen Lese-Texte ein spannenderes „Kopfkino".

Nach dem Start findet sich der Spieler in einer Situation wieder, in der seine Handlung gefragt ist. Er erhält dazu verschiedene Auswahltexte, unter denen er eine Option wählen muss. Damit bestimmt der Spieler einerseits den weiteren Verlauf der Geschichte und verändert andererseits seine Spiel-Ressourcen – in diesem Fall die Zeit.

Mit Fortgang der Geschichte erhält der Spieler immer wieder eine Reaktion auf seine Entscheidung. Er befindet sich laufend in einer neuen Situation, wo seine Handlung in Form einer weiteren Wahl erneut gefragt ist. Gleichzeitig gibt das Gamebook dem Spieler ein Feedback auf die spielrelevante Ressource, indem es die verstrichene Zeit anzeigt bzw. direkt in die Handlung integriert. Die Abb. 1.3 und 1.4 verdeutlichen diesen Ablauf anhand des Demonstrationsbeispiels.

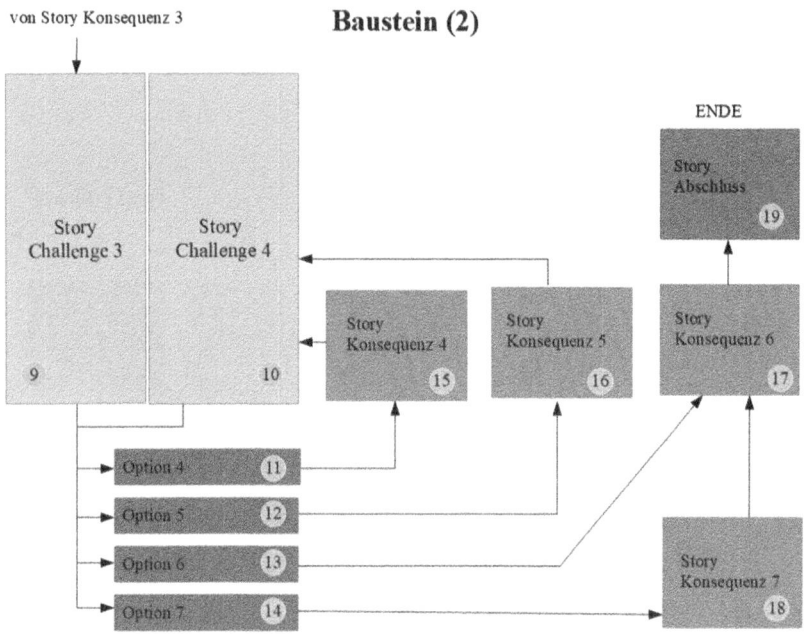

Abb. 1.4 Ablaufstruktur des Bausteins (2) – „Digitales Gamebook Eisenhower-Matrix". (Quelle: Eigene Darstellung)

Im Spielverlauf des Demonstrationsbeispiels kann es zudem durchaus passieren, dass der Spieler – mit neuen Hinweisen verbunden – wieder auf die Anfangssituation trifft, was durchaus gewollt ist. Da er nun neues Erfahrungswissen gesammelt hat – also etwas Neues gelernt hat – kann er dies in seiner weiteren Handlungsaktivität, in diesem Fall der Textauswahl, wieder anwenden. Das benötigte Lernmaterial zum Wissensaufbau ist innerhalb der Geschichte direkt eingebunden und wird durch den eigenen Lernweg selbst erfahren. Nachdem der Spieler sämtliche Aufgaben bewältigt hat und am Ende des Spiels angekommen ist, erhält er ein abschließendes Feedback in Form eines Resultats und einer Empfehlung.

Es bleibt festzuhalten, dass der Spieler während des Spielens Wissen aufgebaut und Erfahrungen gesammelt hat. Zudem hat er Zeit mit einem erlebnisreichen Spiel verbracht. Wie in Abschn. 1.4 vertieft gezeigt wird, gibt es eine Vielzahl von Wirkungen, die ihren Einfluss auf den Spieler, der zugleich Leser ist, entfalten. Die hier aufgezählten Effekte – Wissen aufzubauen, Erfahrungen zu sammeln und spielerisch Zeit zu verbringen – gehören ebenfalls dazu.

Tab. 1.3 Demo-Beispiel Eisenhower-Prinzip – Dokumentationstabelle des Bausteins (1). (Quelle: Eigene Darstellung)

Baustein (1)

Element	Bezeichnung	Text	Digitale Aktion des Systems	Folgeelement
1	Story Challenge 1	Dein Zeit-Management Abenteuer startet hier!	Start-Bild einblenden	Spieler entscheidet sich zwischen Element 3, 4 und 5
		Ziel ist es, deinen Arbeitstag mit bestehenden und neuen Aufgaben erfolgreich zu bewältigen	Spiel-Name {sname} abfragen, Startzeit {mytime} setzen und beides anzeigen	
		Hallo {sname}, es ist nun {mytime} Uhr und du bist soeben in deinem Büro angekommen und hast es dir so bequem wie möglich gemacht. Als nächstes gehst du folgende Aufgabe an:		
2	Story Challenge 2	Du kommst zurück von der Pause und bist voller neuer Ideen. Mittlerweile ist es bereits {mytime} Uhr und du hast dich nun zu Folgendem entschlossen:	Korrekte Uhrzeit {mytime} anzeigen	Spieler entscheidet sich zwischen Element 3, 4 und 5
3	Option 1	Du siehst deine E-Mails an.		Element 6
4	Option 2	Du fährst mit der Aufgabe von gestern fort		Element 7
5	Option 3	Du planst deinen Tag		Element 8
6	Story Konsequenz Option 1	Oha … da sind aber viele E-Mails in der Inbox! „Macht nichts", denkst du dir und arbeitest die E-Mails von der ältesten zur neuesten ab.	Zeit {mytime} um eine Stunde erhöhen und anzeigen	Element 2

(Fortsetzung)

Tab. 1.3 (Fortsetzung)

Baustein (1)

Element	Bezeichnung	Text	Digitale Aktion des Systems	Folgeelement
		Mit der Zeit bemerkst du, dass dieses Vorgehen nicht so optimal ist. Immer wieder stößt du auf E-Mails, die du bearbeitest, nur um etwas später eine weitere E-Mail dazu zu sehen, in welcher steht „Bitte ignoriere meine Mail von vorher, in der Zwischenzeit hat sich die Sache erledigt – vielen Dank." Was für eine zeitraubende und unnötige Arbeit! So kann das nicht weitergehen. Du stehst auf und gönnst dir nun eine Pause, vielleicht kommt dir dann eine bessere Idee. Ohje … da sind ja immer noch viele E-Mails in deiner Inbox! Nach reiflichem Überlegen arbeitest du die E-Mails von der neuesten zur ältesten ab. Nach einer Weile entdeckst du wieder etwas Störendes! Dir fehlen zum Teil wichtige Angaben, welche scheinbar in vorhergehenden E-Mails gemacht wurden. Als nächstes suchst du dir die E-Mails zusammen, die zu einer bestimmten Aufgabe gehören. Dies ist ziemlich zeitraubend und kostet dich viele Nerven, also entschließt du dich für eine weitere Pause – vielleicht kommt dir dann ja etwas Gutes in den Sinn.		
7	Story Konsequenz Option 2	Eine wirklich großartige Arbeit, du liebst dieses Projekt und führst es mit Leidenschaft weiter. Von Zeit zu Zeit hörst du ein „Bing" aus deinem Lautsprecher, du bemerkst auch sogleich, dass es sich dabei um neue E-Mails handelt, welche hereingekommen sind. Das beeindruckt dich aber nicht sonderlich. Und nach einer Stunde Arbeit legst du eine kleine Pause ein	Zeit {mytime} um eine Stunde erhöhen	Element 2
8	Story Konsequenz Option 3	Mach eine kurze Verschnaufpause und gehe dann weiter		Baustein 2 Element 9

Tab. 1.4 Demo-Beispiel Eisenhower-Prinzip – Dokumentationstabelle des Bausteins (2). (Quelle: Eigene Darstellung)

Baustein (2)

Element	Bezeichnung	Text	Digitale Aktion des Systems	Folgeelement
9	Story Challenge 3	Du spürst, dass du ein System benötigst, welches dir hilft, all deine Aufgaben zu erledigen. Du startest deine Suchmaschine und nach einer Weile hast du etwas Interessantes gefunden, ein System mit dem Namen „Die Eisenhower Matrix"	Website „Die Eisenhower Matrix" anzeigen	Wahl zwischen Element 11, 12, 13 und 14
		Du studierst das System etwas und entscheidest dich:		
10	Story Challenge 4	Nach weiteren Recherchen im Internet hast du wiederum etwas Nützliches gefunden: „Anwendung der Eisenhower Matrix"	Website „Die Eisenhower Matrix" anzeigen.	Wahl zwischen Element 11, 12, 13 und 14
		Du bist nun bereit, es nochmals zu probieren:		
11	Option 4	Bearbeite jetzt nur die dringenden Aufgaben		Element 15
12	Option 5	Bearbeite jetzt nur die wichtigen Aufgaben		Element 16
13	Option 6	Bearbeite jetzt die dringenden und gleichzeitig wichtigen Aufgaben		Element 17
14	Option 7	Bearbeite jetzt die Aufgaben, welche delegiert oder ausgelassen werden können		Element 18
15	Story Konsequenz Option 4	Das scheint doch nicht so einfach zu sein, wie du es dir vorgestellt hattest, es gibt nämlich in dieser Kategorie dringende und weniger dringende Aufgaben	Zeit {mytime} um eine Stunde erhöhen und anzeigen	Element 10
		Du bist etwas verwirrt und entschließt dich, der Sache etwas genauer auf den Grund zu gehen, damit du die Eisenhower-Matrix besser verstehst		
		Es ist immerhin schon {mytime} Uhr		

(Fortsetzung)

Tab. 1.4 (Fortsetzung)

Baustein (2)

Element	Bezeichnung	Text	Digitale Aktion des Systems	Folgeelement
16	Story Konsequenz Option 5	Das scheint doch nicht die Lösung zu sein, es gibt nämlich in dieser Kategorie wichtige und weniger wichtige Aufgaben	Zeit {mytime} um eine Stunde erhöhen und anzeigen	Element 10
		Du bist etwas verunsichert und möchtest dich nun genauer mit der Eisenhower-Matrix auseinandersetzen		
		Es ist nun schon {mytime} Uhr.		
17	Story Konsequenz Option 6	Ja genau, das ist es! Wenn erst einmal die wichtigen und gleichzeitig dringenden Aufgaben erledigt sind, hat man Zeit, sich um den Rest zu kümmern	Zeit {mytime} um sechs Stunden heben	Element 19
		Siehe die Grafik mit den Prioritäten I bis IV an	Eisenhower-Grafik anzeigen	
		Danach kümmerst du dich um die Aufgaben mit der Priorität 2 und 3 (Q2, Q3) und das Gute an Priorität 4 (Q4) ist: Du kannst diese komplett eliminieren, ohne irgendwelche Zeit zu investieren		
		Es ist nun {mytime} Uhr und du hast alle anstehenden Aufgaben bearbeitet und Weiteres organisiert. Du kannst nun nach Hause gehen, deine Freizeit genießen		

(Fortsetzung)

Tab. 1.4 (Fortsetzung)

Baustein (2)

Element	Bezeichnung	Text	Digitale Aktion des Systems	Folgeelement
18	Story Konsequenz Option 7	Du hast soeben einen Teil deiner Aufgaben delegiert und einen anderen Teil eliminiert. Trotzdem bemerkst du, dass es noch weitere Aufgaben gibt, die wichtig und dringend sind und denen du dich widmen musst	Zeit {mytime} um eine Stunde erhöhen und anzeigen	Element 17
		Du musst dich also noch einmal genauer mit der Eisenhower-Matrix befassen		
		Es ist jetzt bereits {mytime} Uhr	Zeit {mytime} anzeigen	
19	Story Abschluss	[Dein Resultat: Du bist gut durch die Aufgaben des Tages gekommen. Es ist jetzt {mytime} Uhr. Du hast dieses Spiel gewonnen!]	Zeit {mytime} anzeigen	Ende
		(Dein Resultat: Du hast {worktime} Stunden für deine Arbeiten gebraucht. Wenn du alles richtigmachst, kannst du diese in 6 h erledigen und nach Hause gehen!)	Verbrauchte Zeit {worktime} anzeigen	
		Gib nun deine Erfahrungen im Kollaborationsraum weiter	Öffnen des Kollaborationsraums	
		Du bist am Ende des Spiels angelangt … weiterhin viel Erfolg!		

Nach Beendigung des Spiels wird der Spieler abschließend aufgefordert, seine eigenen Erfahrungen in einer Art Selbstreflexion mitzuteilen und Anregungen anderer Spieler aufzunehmen. Dazu wird man in einen digitalen Kollaborationsraum geleitet, auf den alle Spieler dieses digitalen Gamebooks via Internet direkt zugreifen können. Dieses Beispiel verdeutlicht eine mögliche Art der Kollaboration mit anderen Spielern innerhalb desselben digitalen Gamebooks. Wie in Abschn. 2.2 dieses Buches ausführlich gezeigt wird, gibt es eine Vielfalt an Möglichkeiten, durch welche Kollaborationen mit anderen Spielern möglich sind. Der hier gezeigte Erfahrungsaustausch am Schluss des Eisenhower-Gamebooks ist nur eine davon.

Das beschriebene Gamebook besitzt weitere praktische Eigenschaften, die dem Spieler die Benutzung erleichtern. So kann das Spiel jederzeit abgebrochen werden, indem man den Web-Browser schließt und das Gerät ausschaltet. Beim nächsten Start des Browsers kann das Spiel automatisch an dem Stand weitergespielt werden, wo es zuletzt verlassen wurde. Zudem kann das Gerät auch innerhalb des Spielverlaufs gewechselt und der Spielstand der letzten Spielsequenz dort neu geladen und weitergespielt werden. Dadurch ist es möglich, dass man das digitale Gamebook auf dem Smartphone startet, um beispielsweise die Wartezeit an der Busstation zum Lernen zu nutzen. Mit zeitlicher Verzögerung kann das Lern-Spiel dann zu Hause auf einem Laptop mit einem größeren Bildschirm problemlos weitergespielt werden. Zudem kann man im Wettbewerb den Spielstand der anderen Spieler jederzeit einsehen, um die eigene Rangposition zu ermitteln und im Vergleich den Spielstand der anderen Teilnehmer zu erkennen.

Eine weiteres Merkmal besteht darin, dass sich der Lehrende jederzeit online einen Überblick über die Spielstände und Lernfortschritte der einzelnen Spieler verschaffen kann. Dadurch ist er bei Bedarf jederzeit in der Lage, trotz der möglichen Distanz auf den Lernenden einzuwirken.

Zusammenfassend lässt sich zur Funktionsweise des einfachen digitalen Demo-Gamebooks *Eisenhower-Matrix* Folgendes festhalten:

- **Einfache Funktionsweise:** Das Demo-Beispiel bietet bereits mit einer einfachen Funktionsweise ein interaktives Spiel, bei dem die Spielumgebung durch Textkomponenten – wie bei einem Buch – direkt im Kopf des Spielers erzeugt wird.
- **Klare Struktur:** Dem Eisenhower-Matrix-Gamebook liegt eine klare Ablaufstruktur zugrunde, wie sich in den dazugehörigen Abbildungen und Dokumentationstabellen zeigt.

- **Personalisierung:** Dadurch, dass beliebig viele Eigenschaften einem Namen zugeordnet werden können und während des gesamten Spiels veränder- und abrufbar sind, ist der personalisierte Spielfortgang gewährleistet.
- **Örtlich und zeitlich flexible Anwendung:** Es liegt eine zeitlich und räumlich flexible Lehrmethode vor. Diese wird durch die Endgerätekompatibilität und weltweit zugängliche Datenspeicherung gewährleistet.
- **Integrierter Kollaborationsraum:** Durch die Einrichtung eines Kollaborationsraums am Ende des Gamebooks ist es möglich, dass sich die Spieler untereinander austauschen und gegenseitiges Feedback geben.
- **Direkter Einfluss auf die Handlung:** Durch die integrierten Entscheidungssituationen in beiden Challenge-Bestandteilen nimmt der Leser, der zugleich Lernender und Spieler ist, direkten Einfluss auf die Handlung und den Weitergang des Geschehens.
- **Online-Zugriff des Lehrenden:** Der Lehrende kann zu jeder Zeit online auf den Spielstand und -fortschritt zugreifen.

1.4 Effekte und Wirkungen eines digitalen Gamebooks

Die Effekte und Wirkungen, die sich durch das Spielen eines digitalen kollaborativen Gamebooks als Lernmethode ergeben, sind vielfältig. Sie stellen sich während des Lernprozesses ein. Für den Lernenden ergeben sich zahlreiche Möglichkeiten, Kompetenzen zu erwerben. Im Nachfolgenden werden die Effekte und Wirkungen näher erläutert. Abb. 1.5 gibt dazu einen Überblick.

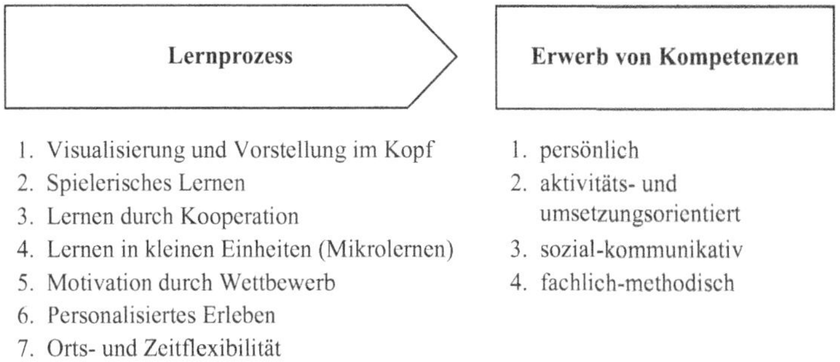

Lernprozess	Erwerb von Kompetenzen
1. Visualisierung und Vorstellung im Kopf	1. persönlich
2. Spielerisches Lernen	2. aktivitäts- und umsetzungsorientiert
3. Lernen durch Kooperation	3. sozial-kommunikativ
4. Lernen in kleinen Einheiten (Mikrolernen)	4. fachlich-methodisch
5. Motivation durch Wettbewerb	
6. Personalisiertes Erleben	
7. Orts- und Zeitflexibilität	

Abb. 1.5 Effekte durch das Spielen eines kollaborativen digitalen Gamebooks. (Quelle: Eigene Darstellung)

Die Effekte und Wirkungen, die sich *während* des Lernprozesses einstellen, werden nachfolgend im Einzelnen vorgestellt:

1. Visualisierung und Vorstellung im Kopf

Gamebooks profitieren davon, dass sie dem Spieler die notwendigen Angaben in Form eines geschriebenen Texts vermitteln. Um den Text zu verstehen, setzt der Leser seine Intuition und Vorstellungskraft ein (Bernhard 2016). Im Gegensatz zu einem Film, wo der Zuschauer ständig das Bild vor Augen hat, interpretiert der Spieler eines Gamebooks selbst den gelesenen Text in Form seiner eigenen Vorstellung. Dabei entsteht im Kopf eine Art von Film, wobei der Spieler diesmal als Produzent auftritt. Das menschliche Vorstellungsvermögen übersteigt dabei bei Weitem die heutigen Möglichkeiten der Filmemacher – inklusive denjenigen des Videogame-Genres. Gamebooks nutzen also das beste Visualisierungs- und Vorstellungssystem, das je geschaffen wurde: seine Software heißt Imagination und seine Hardware ist das menschliche Gehirn. Alles, was überhaupt vorstellbar ist, kann demnach auch in einem Gamebook als Geschichte erscheinen.

2. Spielerisches Lernen

Alle Säugetiere – und sogar Tiere anderer Gattungen wie Fische oder Vögel – lernen von klein auf durch Spielen. Neues wird entdeckt, nachgeahmt, getestet, ausprobiert oder eingeübt. Auch der Mensch betreibt das Spiel von Anfang an als erste Form des Lernens. Dabei ist es weder Zufall noch Zeitvertreib, es ist vielmehr eine notwendige Auseinandersetzung mit der Umwelt und ihren Gesetzmäßigkeiten (Kreuz 2001). Auch Erwachsene spielen gerne, sie können sich im Spiel gefahrlos neuen Herausforderungen stellen, sich im Wettbewerb mit anderen messen oder einfach nur Entspannung finden. Spielen setzt immer eine aktive Handlung voraus, welche das Spiel durch sein Feedbacksystem quittiert. Beim digitalen Gamebook ist es ebenso, der Spieler greift aktiv in die Geschichte ein und erfährt unmittelbar, was seine Handlung bewirkt. Der Vorteil des spielerischen Lernens liegt darin, dass es Lernen ermöglicht, ohne dass es als Arbeit empfunden wird.

3. Lernen durch Kooperation

Digitale kooperative Gamebooks beinhalten auch Aufgabenstellungen, welche eine Zusammenarbeit mit anderen Spielern erfordern oder eine gegenseitige Hilfestellung anbieten. So kann das Konzept einer *Community of Practice* (Lave und Wenger 1991) als Lernform integriert werden. Eine Community of Practice ist eine praxisbezogene Gemeinschaft von Personen, die informell miteinander verbunden und keiner institutionellen Hierarchie untergeordnet sind. In kommunikativer Nähe stehen sie ähnlichen Aufgaben gegenüber und können sich gegenseitig unterstützen oder blockieren (Maier 2007). Ebenso besteht die Möglichkeit, das Konzept einer Learning-Community zu integrieren (Bielaczyc und Collins 1999). Dieses Konzept erfordert eine Zusammenarbeit und funktioniert nach dem Prinzip von Geben und Nehmen.

4. Lernen in kleinen Einheiten (Mikrolernen)

Im Mikrolernen wird der Lernstoff in kleine, in sich geschlossene Einheiten (Microcontent) zerteilt, ohne dass ein Sinnverlust entsteht (Gillies 2013, S. 58) Die neue Konzeption des Mikrolernens geht von autonomen, selbstbestimmten Lernenden aus, die selbstgesteuert in kleinen Einheiten lernen. Jede Lerneinheit beschäftigt sich dabei mit einem abgegrenzten Thema und ist in sich verständlich. Wie in Abschn. 2.2 gezeigt wird, ist in einem Gamebook das Lernmateriel in kleine Einheiten mit jeweils eigenen Lernzielen aufgeteilt. Digitale Gamebooks bilden das Mikrolernen in idealer Weise ab, sie sind in der Lage, auf kleine und kurz gehaltene Denkeinsätze ein sofortiges Feedback zu vermitteln. Das Feedback kann sehr vielfältig sein. Anstelle von Resultaten wie „richtig" oder „falsch" wird aufgezeigt, was passiert, wenn man den eingeschlagenen Weg verfolgt. Es wird kontinuierlich darauf verwiesen, was man zusätzlich lernen sollte, um künftig besser zu agieren und den Inhalt besser zu verstehen.

5. Motivation durch Wettbewerb

Eine weitere Form der Spielerbeteiligung ist der Wettbewerb durch Konkurrenz. Der Lernende spielt dann das Gamebook mit dem Ziel zu gewinnen und als Sieger vom Platz zu gehen. Diese Form im Wettbewerb stehender Spieler stellt eine für Spiele typische Herausforderung dar, welche als soziale Komponente motivierend wirken kann. Beim Wettbewerb muss der einzelne Spieler seinen Spielstand in Bezug auf andere Mitspieler einsehen können. Dies kann beispielsweise eine Rangliste sein, die jederzeit einsehbar ist. Damit besteht für jeden Spieler die Möglichkeit, den eigenen Spielstand im Laufe des Spiels zu verbessern, um einen höheren Rang zu erhalten.

6. Personalisiertes Erleben

Gamebooks erlauben persönliche Erlebnisse. Die Lernerlebnisse entstehen durch das eigene aktive Handeln. Sie unterscheiden sich von den Erlebnissen der jeweils anderen Spieler. Je nachdem, welcher Weg in der Geschichte des

Gamebooks eingeschlagen wird, zeigen sich neben dem weiteren Verlauf der Geschichte auch entsprechend unterschiedliche Lerninhalte, die zu dem Verlauf passen. Beim Erlernen, Einüben, Trainieren oder Testen erhalten die Spieler genau die Informationen bzw. das Wissen, das für sie an dieser Stelle relevant ist und das sie weiterbringt. Diese Form des Lernens bzw. Lehrens kann auch als adaptiv bezeichnet werden. Corno und Snow (1986, S. 621) sprechen vom „adaptive teaching" als „teaching that arranges environmental conditions to fit learners' individual differences". Dies ist hier gegeben.

7. Orts- und Zeitflexibilität

Gamebooks können sowohl orts- als auch zeitunabhängig gespielt werden. Dies entspricht dem Trend der mobilen Gesellschaft, welche durch eine individuelle Lebensweise geprägt ist. Auch wenn digitale Gamebooks die Mitwirkung anderer Spieler in Form von Kooperationen einbeziehen, müssen diese Aktivitäten nicht synchron erfolgen. Es genügt, einen zeitlichen Rahmen vorzugeben, innerhalb dessen die Spieler kooperieren müssen. Ortsflexibilität ist dadurch gegeben, dass das digitale Gamebook auf Geräten gespielt werden kann, die mobil nutzbar sind – wie zum Beispiel ein Smartphone oder Tablet.

Der Spieler, der zugleich der Lernende ist, erwirbt sich durch das Spielen mehrere Kompetenzen. Unter Kompetenz wird in diesem Zusammenhang die Handlungsfähigkeit verstanden, die eine individuelle Disposition zur Bewältigung spezifischer Aufgaben und Situationen darstellt (Linten und Brüstel 2015). Im Folgenden werden die Kompetenzen, die sich durch das Spielen eines digitalen Gamebooks in der Bildung ergeben, näher erläutert. Die gewonnenen Kompetenzen lassen sich sechs unterschiedlichen Kategorien zuordnen.

1. Persönliche Kompetenzen
   – **Entscheidungskompetenz:** Das Treffen von Entscheidungen ist wohl die naheliegendste Fähigkeit, die der Leser lernt, währenddessen er spielt. Um im Abenteuer voranzukommen, ist es für den Spieler zwingend nötig, andauernd Entscheidungen zu treffen. Über die reine Entscheidung hinausgehend unterliegt er auch den Konsequenzen der Entscheidung. Dies ist unabhängig davon, ob sie positiv, negativ oder neutral ausfallen. Um in der Geschichte voranzukommen, ist es für den Leser also notwendig, die Fähigkeit zu entwickeln, Entscheidungen zu treffen.
   – **Planungskompetenz:** Das digitale Gamebook ermöglicht es, dem Lernenden die Bedeutung der Planung näher zu bringen. Der Spieler ist angehalten, seine Planungsfähigkeiten zu erweitern, um die weiteren

Entwicklungsmöglichkeiten im Spiel und in der Geschichte zu erkennen und die „richtigen" Schlüsse zu ziehen.

– **Stehvermögen:** Im Gamebook sind ständig Aufgaben zu lösen, wobei unterschiedliche Entscheidungswege vorliegen. Anders ausgedrückt: Der Spieler weiß vorher, dass das Spiel lang dauern wird, voller Schwierigkeiten, falscher Hoffnung sowie richtigen und falschen Wegen ist. Zum Erreichen des endgültigen Preises gilt es, den optimalen Weg zu finden. Um diesen einzuschlagen, bedarf es Stehvermögen und Geduld. Ein Ausweichen oder Überspringen der Aufgaben ist nicht möglich.

– **Organisationskompetenz:** In den Gamebooks ist es aufgrund der Personalisierung möglich, dem Spieler bestimmte Attribute mit bestimmten Kapazitäten zuzuweisen. Dies können beispielsweise charakterliche Eigenschaften (z. B. Intelligenz, Widerstandsfähigkeit) sein oder Gegenstände, die im Abenteuer zu finden sind, wie Waffen, Lebensmitteln etc. In beiden Fällen muss der Leser entscheiden, wie er die vorgegebenen Kapazitäten auf die Eigenschaften und Gegenstände aufteilt und sich demzufolge organisiert. Dafür benötigt er entsprechende organisatorische Fähigkeiten.

– **Komplexitätsverständnis:** Der Komplexitätserfassung im Gamebook liegt der nachfolgende Gedanke zugrunde. Der Spieler könnte beispielsweise aufgefordert werden: „Wenn Sie in Ihrem Abenteuer fortfahren wollen, gehen Sie zu dem Abschnitt, der das Ergebnis des Summierens der ersten drei Ziffern der Eulerschen Zahl e ist." Wenn der Spieler weiß, dass e als 2,71828… dargestellt wird und 2 + 7 + 1 zusammenzählt, kann er mit der Summe 10 zum nächsten Abschnitt gehen. Wenn er diese Zahl nicht kennt, muss er zum vorherigen Abschnitt zurückkehren, um von dort aus weiterzumachen. Der Spieler ist angehalten, ständig mitzudenken. Die gestellten Aufgaben können – neben der hier vorgestellten Mathematikaufgabe – vielfältiger Natur sein.

2. Aktivitäts- und umsetzungsorientierte Kompetenzen
– **Problemlösungskompetenz:** Digitale Gamebooks zu Bildungszwecken schlagen im Wesentlichen verschiedene Problemstellungen vor. Diese betreffen zum einen das Spiel und zum anderen den Lerninhalt. Auf das Spiel bezogen kann es beispielsweise sein, dass am Ende eines Abschnitts ein Gegenstand verworfen wird, um Platz für einen anderen zu machen. Die „falsche" Entscheidung kann zu Problemen führen, die der Spieler dann wieder lösen muss um weiterzukommen. Den Lerninhalt betreffend stellen sich dem Lernenden ebenfalls ständig Herausforderungen entgegen, die er lösen muss um voranzukommen. Die Problemlösungskompetenz wird also sowohl spielerisch als auch inhaltsbezogen entwickelt.

- **Zeitmanagement:** Der Lernende, der zugleich Spieler ist, kann im Gamebook dazu angehalten werden, die gestellten Aufgaben und Ziele in einem
  vereinbarten Zeitrahmen zu erreichen. Für größere Abenteuer bzw. Projekte kann sogar ein Zeitplan gefordert werden, der dann eingehalten werden muss. Ebenso kann eingestellt werden, dass der Spieler bzw. Lernende
  Zeiträume für Erholungsphasen einhält.
3. Sozial-kommunikative Kompetenzen
- **Kooperationsfähigkeit:** „Lernen durch Kooperation" kennzeichnet den
  Lernprozess eines kollaborativen digitalen Gamebooks. Dadurch kann die
  Fähigkeit, fair und kollegial im Team gemeinsam Ziele zu erreichen, ausge-
  prägt werden. Zudem ist es problemlos möglich, zugunsten von gemeinsamen Lösungen die eigenen Informationen einzubringen, Kompromisse zu
  schließen und Empfehlungen auszusprechen. Ebenso kann das Gamebook
  so konfiguriert werden, dass Unterstützung freiwillig angenommen und
  angeboten werden kann.
- **Konflikt- und Kritikfähigkeit:** Durch die Gespräche, die in den Kollaborationsräumen stattfinden, kann der Weg zur Erreichung der gemeinsamen
  Ziele diskutiert werden. Ebenso besteht die Möglichkeit, den anderen Spielern Feedback zu geben und von diesen Feedback zu erhalten. Das schult
  zum einen die Kritikfähigkeit und schafft außerdem die Voraussetzung, um
  Konflikte offenzulegen und zu lösen.
4. Fachlich-methodische Kompetenzen
- **Fachkompetenz:** Alle zur Erfüllung einer konkreten Aufgabe notwendigen
  fachspezifischen Fähigkeiten, Fertigkeiten und Kenntnisse sind durch den
  Lerninhalt im digitalen Gamebook abgebildet. Somit ist die Erreichung der
  Fachkompetenz sichergestellt. Es werden beispielsweise berufsspezifische,
  sprachliche oder betriebswirtschaftliche Kenntnisse behandelt.
- **Methodenkompetenz:** Diese ist von der fachlichen Kompetenz größtenteils unabhängig und fordert Fähigkeiten zur Planung und Durchführung
  der Arbeit. Beispiele der Methodenkompetenz sind Projektmanagement,
  systematische Problemlösung, vernetztes Denken oder Moderation. Diese
  Elemente lassen sich auf einfache Art und Weise in ein digitales kollabora-
  tives Gamebook integrieren.

1.5 Einsatzgebiete

Digitale Gamebooks führen weg von didaktischen Modellen, die ausschließlich
auf Anweisungen basieren. Sie zeigen den Weg hin zu einer aktiveren Rolle der
Lernenden. Wenn man davon ausgeht, dass es keine optimale Lernumgebung für

alle Lernenden geben kann, ist es entscheidend, den Lernenden unterschiedliche Lernmethoden zur Verfügung zu stellen. Dadurch können sie sich ihre „optimale" Lernumgebung auswählen. Es erhöht sich der Anteil der Lernenden, die die optimale Lernmethode finden und effizient ihre Zeit nutzen können.

Was die Lernmethode der digitalen Gamebooks angeht, kann damit grundsätzlich jeder Lerninhalt vermittelt werden. Dies liegt daran, dass Geschichten für jedes Thema geeignet sind. Es gibt keine Themen, die nicht in einer Geschichte erzählt werden können. Dasselbe gilt für Gamebooks. Insgesamt finden sich für digitale kollaborative Gamebooks zahlreiche Einsatzmöglichkeiten. Sie sind bestens geeignet, Botschaften zu kommunizieren und Wissen zu festigen. Ob es sich um ein packendes Abenteuer in einem fiktiven Szenario oder eine Simulation der Realität handelt, Lernen erfolgt spielerisch.

Um den Weg bis zum Anwender besser zu verstehen, verdeutlicht Abb. 1.6 den Weg eines digitalen kollaborativen Gamebooks von der Idee bis zum Anwender. Die Idee stammt aus einem Themengebiet, das anfangs eingegrenzt wird. Dann erfolgt die Realisierung, in der Inhalt, Spiel und Geschichte in einer digitalen Umgebung verbunden werden. Als fertiges Produkt gelangt das digitale kollaborative Gamebook dann zu den Anwendern, die sich entweder im Bildungswesen oder in Unternehmen befinden. Zum Bildungswesen zählen neben Schulen, Hochschulen und Universitäten auch sämtliche anderen Bildungsanbieter.

Abb. 1.7 gibt einen Überblick über die Einsatzgebiete digitaler kollaborativer Gamebooks. So ist im Bildungswesen ein vielfältiger Einsatz des Gamebooks möglich. Es dient zur Wissensvermittlung, zum Projektunterricht, zu Lernspielen, Lernmodellen und als Prüfungsform. In Unternehmen kann das digitale Gamebook zum Zweck der Information und Aufklärung, zur Mitarbeiterschulung, Kundenbildung,

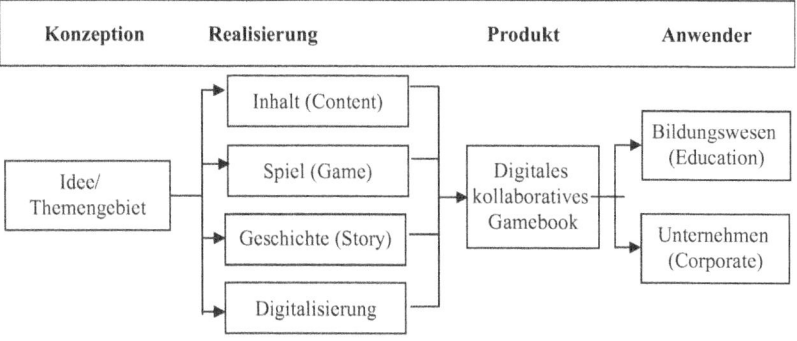

Abb. 1.6 Von der Konzeption bis zur Anwendung eines digitalen kollaborativen Gamebooks. (Quelle: Eigene Darstellung)

Bildungswesen (Education) Schulen/Hochschulen/Universitäten	Unternehmen (Corporate)

1. Wissensvermittlung/-erwerb
2. Projektunterricht
3. Selbsterstellung des Gamebooks
   durch den Lernenden (Inverted
   Classroom)
4. Simulation bzw. Planspiel
5. Prüfungsform
	1. Mitarbeiterschulung
	   (Aus- und Weiterbildung)
	2. Information und Aufklärung
	3. Produktschulung
	4. Rekrutierung

Abb. 1.7 Einsatzgebiete digitaler kollaborativer Gamebooks. (Quelle: Eigene Darstellung)

strategischen Planung, Arbeits- und Prozessoptimierung sowie der Rekrutierung zum Einsatz kommen.

Digitale Gamebooks im Bildungswesen (Education) können folgendermaßen eingesetzt werden:

1. Wissensvermittlung/-erwerb
   Gamebooks in der Bildung haben sowohl Erwachsene als auch Kinder als Zielgruppe. Sie werden in der Aus- und Weiterbildung mit konkreten Lernzielen eingesetzt. Ziel dieser ist die Vermittlung von Lerninhalten durch die beim Spiel erzeugte Motivation und den Spaß. Besonders gut eignen sie sich, um komplexe unstrukturierte Inhalte darzustellen und um neue Fertigkeiten zu vermitteln, ohne dabei zu pädagogisch zu wirken. Grundsätzlich können alle Themengebiete, in denen Wissen vermittelt und eingeübt werden muss, mit Gamebooks abgewickelt werden. Sie sind für alle üblichen Themen wie Mathematik, Physik, Betriebswirtschaft, Englisch usw. ebenso geeignet wie für spezielle Fächer wie interkulturelle Kommunikation, Präsentationstechnik oder Grundlagen des Datenschutzes. Gamebooks helfen dabei, neues Wissen zu erlernen und anschließend anzuwenden und zu verinnerlichen. Sie können als gezielter Bestandteil des Unterrichts eingesetzt werden.
   Im E-Learning können Gamebooks sogar alleiniger Bestandteil des Kurses sein. Das heißt für E-Learning-Kurse, dass dort sämtliche kursspezifischen Lehrninhalte im Gamebook enthalten sein können und ausschließlich durch dieses vermittelt werden.
   Unter Blended Learning versteht man eine Lernform, bei der eine Kombination aus Präsenzveranstaltungen und E-Learning vorgenommen wird

(Bonk und Graham 2006, S. 3 ff.). Auch in diesem Kontext können Gamebooks zielführend eingesetzt werden, was hauptsächlich an den Kollaborationselementen liegt. Die Kollaborationsteile können beispielsweise im Präsenzunterricht des Blended Learning zusammen mit den Lehrenden im Plenum besprochen werden, was zu einem effizienten Informationsaustausch führt.

2. Projektunterricht

   Beim Projektunterricht gehen Lernende selbstständig eine Aufgabe als Projekt an, indem sie sich das notwendige Wissen anhand der Aufgabenstellung des Projekts selbstständig erarbeiten, um diese Aufgabe schließlich zu lösen. Ein Gamebook eignet sich deshalb für den Projektunterricht, weil sowohl der Projektablauf als auch eine nahezu beliebig große Projektkomplexität problemlos abgebildet werden können. Zudem ist es möglich, nicht nur eine einzige Lösung, sondern eine Vielfalt von Lösungsmöglichkeiten aufzuzeigen. Ebenso macht das Gamebook auch Projektfehler sichtbar, indem Wege eingebaut werden, welche nicht zur Lösung führen. Damit werden mögliche Fehler aufgezeigt, die im Lösungsprozess gemacht werden könnten.

   Darin liegt ein großer Vorzug des Gamebooks. Es ist eine der wenigen Lernmethoden, die eine Aufgabenstellung aus ganzheitlicher Sicht angeht und damit nicht nur auf Lösungen hinweist, sondern auch mögliche Fehler behandelt.

3. Selbsterstellung des Gamebooks durch den Lernenden (Inverted Classroom)

   Eine Sonderform des Projektunterrichts stellt die Selbsterstellung des Gamebooks durch den Lernenden dar. Er hat die Aufgabe, aus dem abgegrenzten Lerninhalt ein Gamebook zu erstellen, bei dem Story und Spiel bereits gegeben sind. Dies hat in der Regel zur Folge, dass mehrere Gamebooks zum gleichen Lerninhalt erstellt werden und die Teilnehmer zusätzliches Feedback geben und erhalten. Hier handelt es sich um eine Form des Inverted Classroom, in der die üblichen Aktivitäten innerhalb und außerhalb des Hörsaals oder Klassenzimmers vertauscht werden (Strayer 2012).

4. Prüfungsform

   Eine weitere Anwendungsform ist die Verwendung des Gamebooks als Prüfungsform. Gamebooks eignen sich insbesondere, wenn – neben dem Faktenwissen – schwerpunktmäßig Anwendungswissen abgefragt wird. Dies kommt daher, dass bei dieser Art von Wissen der Fokus nicht darauf liegt, ob etwas als richtig oder falsch taxiert werden kann. Es geht vielmehr um unterschiedliche Lösungsmöglichkeiten und deren korrekte Anwendungsweise.

5. Simulation bzw. Planspiel

   Das digitale Gamebook kann als Simulation oder Planspiel eingesetzt werden. Der Umgang mit dem dabei zugrunde liegenden System kann auf „spielerische Weise" erlernt werden. Die Lernenden können Dinge gefahrlos ausprobieren, die Effekte bestimmter Handlungen testen und unmittelbar Rückmeldung erhalten. Durch die Nachbildung eines Systems sollte die Person auch in der Lage sein, im realen System zu bestehen. Dies alles ist mit einem Gamebook gut möglich. Es können beispielsweise politische, gesellschaftliche, wirtschaftliche oder umweltbezogene Systeme spielerisch in einer Simulation bzw. einen Planspiel innerhalb eines Gamebooks erkundet werden.

Die Einsatzgebiete in Unternehmen (Corporate) können ebenso vielfältig sein. Im Nachfolgenden werden einige davon vorgestellt:

1. Mitarbeiterschulung (Aus- und Weiterbildung)
   Beim Einsatz des Gamebooks für Mitarbeiterschulungen in Unternehmen handelt es sich im Grunde genommen um die gleichen Anwendungsmöglichkeiten wie für die Wissensvermittlung bzw. den Wissenserwerb im Bildungswesen. Ausgehend von konkreten Lernzielen erfolgt die Vermittlung von Lerninhalten durch die beim Spiel erzeugte Motivation. Besonders gut eignen sich Gamebooks, um komplexe Inhalte darzustellen und um neue Fertigkeiten zu vermitteln, ohne dabei zu pädagogisch zu wirken.
2. Information und Aufklärung
   In diesem Bereich kann das digitale Gamebook z. B. Aufgaben rund um Vorbeugung, Information und Aufklärung im Gesundheitsbereich eines Unternehmens übernehmen.
3. Produktschulung
   Produktschulungen haben den Zweck, Wissen über Leistungen und Produkte von Unternehmen zu vermitteln. Produktschulungen können sich zum einen an die Anwender richten, um ihnen die Vorteile, Eigenschaften und die Bedienung des Produktes anschaulich zu vermitteln. Zum anderen können sie zum Training von Mitarbeitern genutzt werden. Analog der Mitarbeiterschulungen eignen sich digitale Gamebooks in diesem Kontext als Lehrmethode.
4. Recruiting
   Recruiting bezeichnet den Prozess der Personalbeschaffung, insbesondere unter Einbeziehung der elektronisches Medien. So ist es dem Unternehmen mithilfe des digitalen Gamebooks möglich, jüngere Zielgruppen anzusprechen. Durch die Nachverfolgbarkeit der Spielfolge sieht das Unternehmen, welchen Pfad der Interessent eingeschlagen hat und welche Informationen gesammelt wurden.

Anhand der Anwendungsfälle wird die große Anwendungsbreite und das Potenzial von digitalen Gamebooks sichtbar. Der Adressatenkreis für die Anwendung geht von Bildungsträgern bis hin zu einer Vielzahl von Bereichen innerhalb von Unternehmen, in denen Gamebooks eingesetzt werden können.

Literatur

Zeitschriftenartikel

Figueiredo, M.; Bidarra, J.: The development of a gamebook for education. "Procedia Computer Science". Vol. 67 (2015), p. 322–331

Kreuz, A., Kinder spielen sich ins Leben – Der Zusammenhang von Spiel- und Schulfähigkeit. WWD 2001, Ausgabe 75, S. 8–9

Menzel,W.: Methoden lernen im Deutschunterricht. In: Praxis Deutsch 164 (2000). S. 6–13.

Skinner, B. F., The Science of Learning and the Art of Teaching, Harvard Educational Review, 24:2 (Spring 1954), pp. 86–97

Roschelle J., Teasley S.D., The Construction of Shared Knowledge in Collaborative Problem Solving. In: O'Malley C. (eds) Computer Supported Collaborative Learning. NATO ASI Series (Series F: Computer and Systems Sciences), vol 128. Springer, Berlin, Heidelberg (1995)

Online-first publizierter Zeitschriftenartikel mit DOI

Strayer, J. F., How Learning in an Inverted Classroom Influences Cooperation, Innovation and Task Orientation. Learning Environments Research, 15, 171–193 (2012). doi: http://dx.doi.org/10.1007/s10984-012-9108-4

Buch

Bader, R. (2001): Learning Communities im Internet: Aneignung von Netzkompetenz als gemeinschaftliche Praxis; Eine Fallstudie in der pädagogischen Weiterbildung. Münster, 2001

Bailey, G., The Ultimate Homeschool Physical Education Game Book: Fun & Easy-To-Use Games & Activities To Help You Teach Your Children Fitness, Movement & Sport Skills, Educators Press, 2003

Bernhard, W.: Das ganze Spiel im Kopf. *Bildung Schweiz.* 12/2016, S. 30–3, 2016

Bonk, C.J., Graham: The Handbook of Blended Learning: Global Perspectives, Local Designs, 2006

Fleming, W., How to Start a Hobby in Gamebook, SanEnrico, 2015

Lave, J., Wenger, E.: Situated Learning: Legitimate Peripheral Participation. Cambridge University Press, Cambridge 1991.

Linten, M., Prüstel, M., Kompetenz in der beruflichen Bildung: Begriff, Erwrb, Erfassung, Messung, Zusammenstellung aus: Literaturdatenbank Berufliche Bildung, Version: 7.0, August 2015, BiB

Maier, R., Knowledge Management Systems – Information and Communication Technologies for Knowledge Management, Springer-Verlag Berlin Heidelberg, 2007

Miller, M., Edutainment Game Book: A Guide For Instructors To Spice Up Education, CreateSpace Independent Publishing Platform, 2009
Szoller-Schai, D., E-Collaboration: Die Gestaltung internetgestützter kollaborativer Handlungsfelder. Gestaltungsgrundlagen und praktische Beispiele für eigene Projekte. Südwestdeutscher Verlag für Hochschulschriften, 2009
Zheng, R., Gardner, M., Handbook of Research on Serious Games for Educational Applications (Advances in Game-Based Learning), Information Science Reference, 2016

Buchkapitel

Bielaczyk, K., Collins, A., Learning Communities in Classrooms. A Reconceptualization of Educational Practice. In: C. M. Reigeluth (Hrsg.): Instructional design theories and models. (Vol. II), Lawrence Erlbaum, London 1999, S. 269–292
Corno, L., Snow, R. E.: Adapting teaching to individual differences among learners. In Wittrock, M. C. (Hrsg.), Handbook of Research on Teaching (S. 605–629). New York: Mac-Millan (1986).
Wellmann A., Zelms R. Eisenhower-Prinzip. In: Professionelles Zeitmanagement (S. 75/76). Gabler Verlag (1995).

Online-Dokument (ohne DOI)

Bendel, O.: Digitalisierung. Gabler Wirtschaftslexikon. http://wirtschaftslexikon.gabler.de/Archiv/-2046143105/digitalisierung-v3.html, Zugegriffen: 24.09.2017.
Gillies, Constantin (2013): Kleine Portionen bitte! In: managerSeminare 2013, Heft 06, S. 56–60. Online verfügbar unter: https://www.managerseminare.de/ms_Artikel/Microlearning-Kleine-Portionen-bitte,227785, Zugegriffen: 24.09.2017.

Komponenten eines digitalen Gamebooks in der Bildung

2

Inhaltsverzeichnis

Zusammenfassung

Das zweite Kapitel ist in fünf Abschnitte aufgeteilt. Der Abschn. 2.1 gibt einen Überblick über die vier Komponenten, aus denen ein digitales Gamebook besteht: den Lerninhalt, die Story, das Spiel und die Digitalisierung. Im Abschn. 2.2 wird die Einbindung des Lerninhalts in das Gamebook erläutert.

© Springer Fachmedien Wiesbaden GmbH, ein Teil von Springer Nature 2018
B. Möslein-Tröppner und W. Bernhard, *Digitale Gamebooks in der Bildung*,
https://doi.org/10.1007/978-3-658-21349-7_2

Ausgehend vom Lernziel wird der Lerninhalt in den Gambook-Lernprozess integriert. Zudem wird der Gamebook-Baustein definiert. Abschn. 2.3 behandelt die Story als Kernstück des Gamebooks. Es werden die Eigenschaften von geeigneten Geschichten und die Vorgehensweise zum Schreiben der Gamebook-Story aufgezeigt. Der Abschn. 2.4 behandelt das Spiel und die spielerischen Herausforderungen, die sich dem Spieler, der zugleich Leser und Lernender ist, stellen. Im abschließenden Abschn. 2.5 wird dargestellt, wie das Gamebook digitalisiert wird. Es werden geeignete Gamebook-Software-Umgebungen und die digitale Umsetzung der kollaborativen Elemente aufgezeigt.

2.1 Überblick

Das *kollaborative digitale Gamebook* besteht aus insgesamt vier Komponenten – dem Lerninhalt, der Story, dem Spiel und der Digitalisierung. Die einzelnen Komponenten mit den dazugehörigen Inhalten sind in Tab. 2.1 dargestellt. Die dazugehörigen Ausführungen finden sich in den Abschn. 2.2, 2.3, 2.4 und 2.5. Am Ende eines jeden Abschnitts stehen konkrete Umsetzungsbeispiele, die die Anwendung der einzelnen Komponenten veranschaulichen.

Der Lerninhalt als Wissensgrundlage stellt den Ausgangspunkt bei der Entwicklung eines kollaborativen digitalen Gamebooks dar (Komponente 1). Der Aufbau des Lerninhalts, der dem Gamebook den fachlichen Input liefert, leitet sich aus den Lernzielen ab. Ausgehend von Lernzielen werden in einem zyklischen Prozess die daraus resultierenden Lernergebnisse beobachtet. Damit der

Tab. 2.1 Überblick über die Komponenten des kollaborativen digitalen Gamebooks. (Quelle: Eigene Darstellung)

Lerninhalt als Wissensgrundlage	• Lernziele, Lerninhalt und Lernprozess • Lernzielstrukturierung mithilfe der erweiterten Bloomschen Taxonomie • Gamebook-Baustein als zentrale Einheit des digitalen Gamebooks
Story als Kernstück des Gamebooks	• Vorgehensweise zum Schreiben der Story • Handlungsstruktur, Story-Plot und Story-Setting
Spiel und spielerische Herausforderungen	• Digitales Gamebook als Spiel • Spiel- und Feedbacksystem
Digitalisierung des kollaborativen Gamebooks	• Digitalisierung von Gamebooks • Gamebook-Software-Entwicklungsumgebungen • Integration kollaborativer Elemente

Lernerfolg didaktisch messbar ist, erfolgt eine Lernzielstrukturierung anhand der erweiterten Bloomschen Lernzieltaxonomie.

Da sich der Lerninhalt über ein (beliebiges) komplexes Stoffgebiet erstrecken kann, wird eine dreistufige Einteilung des Lerninhalts bis hin zu den Gamebook-Bausteinen vorgenommen. Bei den Gamebook-Bausteinen handelt es sich um die kleinste Einheit, in der Lernziel, Lerninhalt, Spiel und Story in einem abgeschlossenen Lernzyklus digital abgebildet sind. Zur Vereinfachung werden zudem Baustein-Typen (Templates) eingesetzt, um nicht für jeden beliebigen Baustein eine eigene Ablaufstruktur schaffen zu müssen. Durch diese Templates wird die Komplexität, die durch die Integration des Lerninhalts in der Story entsteht, überschaubar gehalten. Eine weitere Besonderheit der Baustein-Typen liegt in der Integration von kollaborativen Elementen, die die Zusammenarbeit unter den Gamebook-Teilnehmern ermöglichen.

Die Story stellt das Kernstück des Gamebooks dar (Komponente 2). Die Story ist die Wiedergabe einer aus der Ich-Perspektive selbst erlebten Geschichte. Neben der Bestimmung der Handlungsstruktur, die auch als Erzählaufbau bezeichnet wird, erfolgt die Auswahl eines Story-Plots, des sogenannten Erzählmusters. Dazu zählen u. a. „Das Monster bezwingen", „Die Reise mit Wiederkehr" oder „Der Aufstieg". Mit der Wahl des Story-Plots wird zudem das Spielziel der Geschichte festgelegt. Abschließend werden die Story-Settings festgelegt. Ort, Zeit und Handlung werden im Detail bestimmt.

Das Spiel stellt einen weiteren Bestandteil des digitalen Gamebooks dar (Komponente 3). Dazu gehören ein geeignetes Spiel- und Feedbacksystem. Mit diesem wird das Spielziel in einem spannenden Spiel mit spielerischen Herausforderungen umgesetzt.

Die Umsetzung der Digitalisierung (Komponente 4) sorgt schließlich dafür, dass das kollaborative digitale Gamebook wunschgemäß zu jeder Zeit an jedem Ort gespielt werden kann. Dazu bedarf es einer geeigneten Gamebook-Software-Umgebung, eines browserfähigen Endgeräts und der Umsetzung kollaborativer Elemente.

2.2   Komponente 1: Lerninhalt als Wissensgrundlage

Dieser Abschnitt beschäftigt sich mit der Integration des Lerninhalts, der die Wissensgrundlage für das digitale Gamebook stellt und sich wie folgt gliedert:

- In Abschn. 2.2.1 wird erläutert, wie Lernziele und Lerninhalte in den Lernprozess des digitalen Gamebooks integriert werden. Um den Lerninhalt auch bei einem großen Lernvolumen praktikabel zu halten, erfolgt eine dreistufige Einteilung des Lerninhalts in Kapitel, Aufgabe und der kleinsten Einheit, dem Gamebook-Baustein.

- Abschn. 2.2.2 stellt die erweiterte Bloomsche Taxonomie vor (Anderson et al. 2001). Anhand dieses Klassifikationsschemas ist es möglich, die Lernziele der Gamebook-Bausteine auf ihre didaktische Wirkung hin zu steuern. Zur Lernzielformulierung werden ausschließlich kognitive Ziele herangezogen, die sich auf das Wissen, Denken und Verstehen des Lernenden ausrichten.
- Der Gamebook-Baustein, als zentraler Ansatzpunkt des digitalen Gamebooks, stellt den Inhalt des Abschn. 2.2.3 dar. Bei diesem handelt es sich um die kleinste Einheit, in der die einzelnen Bestandteile Lernziel, Lerninhalt, Spiel, Story und Inhalt integriert werden. Insgesamt werden sechs verschiedene Baustein-Typen vorgestellt, die die Ablaufstruktur in einem digitalen Gamebook zeigen.
- Zur Verdeutlichung befindet sich im abschließenden Abschn. 2.2.4 der Anwendungsfall in Form der Entwicklung der Weiterbildungmaßnahme „Effiziente Zeitplanung" als digitales Gamebook. Anhand dieses Falls werden die einzelnen Schritte, die zur Integration des Lerninhalts in das Gamebook nötig sind, beispielhaft erläutert.

2.2.1 Lernziele, Lerninhalt und Lernprozess

Zu Beginn der Gamebook-Erstellung stellt sich die Frage, wie sich Lerninhalt, Spiel und Story so vereinen lassen, dass messbare Lernerfolge erzielt werden können. Hinzu kommt die Frage, wie die größtmögliche Akzeptanz bei den Lernenden, die zugleich Spieler und Leser sind, hergestellt werden kann. Wie bei Goertz und Johanning (2004) für den Fall des E-Learning – zu dem auch die digitalen Gamebooks zählen – thematisiert, gibt es für keinen Anwendungsfall *den* richtigen Lernmix. Es ist die Aufgabe des Gamebook-Erstellers, für das jeweilige Lernziel und die jeweilige Zielgruppe die bestmögliche Lösung zu finden.

In der Regel ist die Zielgruppe gegeben. Dabei handelt es sich beispielsweise um Schüler, Studenten, Mitarbeiter in Unternehmen oder andere Personengruppen, denen spezifisches Wissen vermittelt werden soll. Dabei wird das Ziel verfolgt, dass der Lernende nach dem Spielen des Gamebooks über einen Wissenstand verfügt, der im vorgegebenen Maße größer ist als vor dem Spielen. Diese beabsichtigte Veränderung im Lernenden wird mit dem Begriff Lernziel bezeichnet. Gemäß Peterßen (2000, S. 114 ff.) wird das Lernziel durch fünf Eigenschaften beschrieben. Es „bezeichnet

- außen gesetzte Ziele,
- ein Verhalten,
- ein Verhalten von Lernenden,
- ein erwünschtes und in der Vorstellung vorweggenommenes Verhalten,
- und die möglichst eindeutige Beschreibung von Verhalten."

Zur Bestimmung der Lernziele ist es wichtig, den Wissensstand des Lernenden vor dem Durchführen des Unterrichts oder der Schulung zu kennen. Ausgehend davon kann der angestrebte Zustand bzw. das Lernziel bestimmt werden. Abstrakt betrachtet ergibt sich der Lerninhalt aus dem Unterschied zwischen Ziel- und Ausgangszustand.

Üblicherweise reicht die Formulierung *eines* Lernziels nicht aus, um für sämtliche Teile des Lerninhalts detaillierte Vorgaben zu ermöglichen. Es sind in der Regel so viele Lernziele nötig, dass jeder Teil des Lerninhalts mit hinreichend genauen Lernzielinformationen versehen ist. Abb. 2.1 verdeutlicht diesen Schritt, der die Einteilung in praktikable Einheiten zeigt.

Nach der Unterteilung des gesamten Lerninhalts in praktikable Einheiten mit entsprechenden Lernzielen geht es im folgenden Schritt darum, die Lernmethode – das digitale Gamebook – einzubinden. Abb. 2.2 veranschaulicht den idealtypischen Weg vom Lernziel bis zur Sicherstellung der Lernzielerreichung.

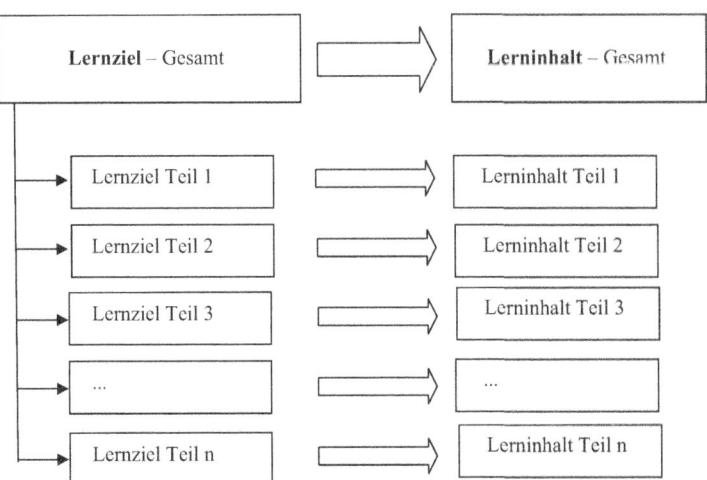

Abb. 2.1 Einteilung des Lernziels und des Lerninhalts in praktikable Einheiten. (Quelle: Eigene Darstellung)

Abb. 2.2 Idealtypischer
Weg vom Lernziel bis
zur Ausgestaltung des
Gamebooks. (Quelle:
Eigene Darstellung)

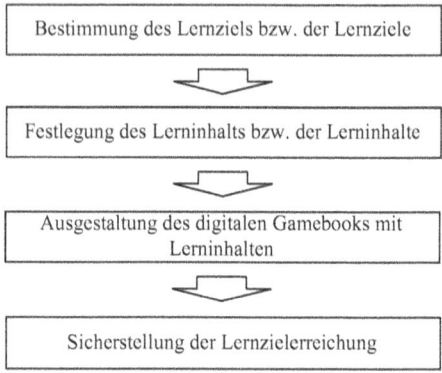

Bei der Umsetzung eines komplexen Inhalts in einem digitalen Gamebook
stellen sich bei dessen Vorgehensweise folgende Fragen, die im Anschluss geklärt
werden:

- Wie lassen sich die einzelnen Lerninhalte praktikabel in das Gamebook ein-
binden?
- Auf welche Art und Weise wird sichergestellt, dass die Lernziele erreicht werden?
- Wie werden die Lernziele didaktisch gemessen?

Um den Lerninhalt eines beliebig großen Wissensgebiets im digitalen Gamebook
einfach und praktikabel zu gestalten, erfolgt eine dreistufige Einteilung des Lerninhalts, wie in Tab. 2.2 abgebildet. Ein Modul wird in mehrere Kapitel aufgeteilt
und durchnummeriert. Ein Kapitel enthält eine oder mehrere Aufgaben. Eine Aufgabe besteht wiederum aus einem oder mehreren Gamebook-Bausteinen.

Die gewählte Einteilung in Kapitel, Aufgabe und Baustein erweist sich als
praktikabel, weil

- die Lerninhalte in einer beliebigen Größe zusammengefasst werden können,
- die Story mit den einzelnen Spannungsbögen und
- das Spiel mit den spielerischen Herausforderungen entsprechend angepasst
werden können.

Der Gamebook-Baustein, auf den in Abschn. 2.2.3 ausführlich eingegangen wird,
stellt die zentrale Einheit des digitalen Gamebooks dar. Mit dem Gamebook-Baustein
ist es möglich, Lernziele und Lerninhalte für beliebig kleine Einheiten zu entwickeln.

Tab. 2.2 Dreistufige Einteilung des Lerninhalts. (Quelle: Eigene Darstellung)

Stufe 1: Lerninhalt eines Moduls (ein Modul besteht aus einem oder mehreren Kapiteln)			
Modul	Kap. 1	Kap. 2	...	Kapitel n

Stufe 2: Lerninhalt eines Kapitels (ein Kapitel besteht aus einer oder mehreren Aufgaben)			
Kap. 1	Aufgabe 1.1	Aufgabe 1.2	...	Aufgabe 1.m
Kap. 2	Aufgabe 2.1	Aufgabe 2.2	...	Aufgabe 2.m
...	...	...	...	...
Kapitel n	Aufgabe n.1	Aufgabe n.2	...	Aufgabe n.m

Stufe 3: Lerninhalt einer Aufgabe besteht aus einem oder mehreren Gamebook-Bausteinen			
Aufgabe 1.1	Baustein 1.1.1	Baustein 1.1.2	...	Baustein 1.1.o
Aufgabe 1.2	Baustein 1.2.1	Baustein 1.2.2	...	Baustein 1.2.o
...	...	...	...	...
Aufgabe n.m	Baustein n.m.1	Baustein n.m.2	...	Baustein n.m.o

Im Baustein sind sämtliche Komponenten des digitalen Gamebooks enthalten – Spiel, Story, Inhalt und Digitalisierung. Zudem ist das Erreichen der Lernziele nachvollziehbar und messbar.

2.2.2 Lernzielstrukturierung mithilfe der erweiterten Bloomschen Taxonomie

Wie in Abschn. 2.2.1 dargelegt, sind die Lernziele und deren Erreichung ein zentraler Bestandteil des Lernkonzeptes innerhalb des kollaborativen digitalen Gamebooks. Ziel und Zielerreichung werden bis hin zur kleinsten Lerneinheit – den Gamebook-Bausteinen – festgelegt.

Zur Strukturierung der Lernziele wird die von Bloom et al. entwickelte (1956) und Anderson et al. (2001) weiterentwickelte Lernzieltaxonomie eingesetzt. Dabei handelt es sich um ein Ordnungsschema bei der Formulierung von Lernzielen. Um die Lernziele jeweils adäquat einordnen zu können, wird vom Einfachen zum Schwierigen bzw. vom Überschaubaren zum Komplexen vorangeschritten.

Berücksichtigt werden ausschließlich kognitive Lernziele. Unter Kognition wird der Bereich des Wissens, Denkens und Verstehens zusammengefasst. Nicht betrachtet werden sozial-emotionale Lernziele, die Werte, Gefühle und Einstellungen betreffen. Ebenso werden psychomotorische Lernziele, die die Auswirkungen auf Handeln und Verhalten betrachten, außer Acht gelassen.

Das von Anderson et al. (2001) entwickelte Instrument zur Einordnung der Lernziele ist in Tab. 2.3 abgebildet. Die erweiterte Bloomsche Taxonomie ist als zweidimensionale Matrix aufgebaut. Auf der horizontalen Achse sind die sechs kognitiven Prozesskategorien in der Prozessdimension abgebildet. Die kognitive Prozessdimension verfolgt den Zweck, die kognitiven Aspekte der drei Elemente „Lernziele", „Lernaktivitäten" und „Leistungsüberprüfung" – und somit den Lernprozess – einzuteilen. Sie wird deshalb stets durch Verben („Tunwörter") ausgedrückt. Die vertikale Achse bildet die vier Arten von Wissen in der Wissensdimension dar. Diese Dimension gliedert die Inhaltskomponente in vier Wissensarten. Da es sich hier um Inhalte – und nicht um kognitive Aspekte – handelt, werden Substantive (bzw. qualifizierende Adjektive) zur Bezeichnung der Kategorien herangezogen.

Die kognitiven Prozesskategorien sind so angeordnet, dass die Komplexität mit jeder höheren Kategorie zunimmt. Die einzelnen Kategorien eins bis sechs sind durch Verben charakterisiert:

Tab. 2.3 Erweiterte Bloomsche Taxonomie-Matrix nach Anderson et al. (2001). (Quelle: Eigene Darstellung)

Knowledge Dimension (Wissensdimension)	Cognitive Process Dimension (Kognitive Prozessdimension)					
	1 Remember (Erkennen)	2 Understand (Verstehen)	3 Apply (Anwenden)	4 Analyze (Analysieren)	5 Evaluate (Bewerten)	6 Create (Erzeugen)
A Factual (Fakten)						
B Conceptual (konzeptionell)						
C Procedural (prozedural)						
D Metacognitiv (metakognitiv)						

1. „Erinnern" stellt die einfachste Kategorie dar. Sie bildet in der Regel die Grundlage für die Lernprozesse höherer Klassen. Der Gedanke, der dieser Klassifizierung zugrunde liegt, ist, dass jeder Lernende in einem Fachgebiet über bestimmte Grundkenntnisse verfügen muss, bevor er komplexere Zusammenhänge verstehen kann. Ein Informatiker muss die Anweisungen oder Befehle einer Programmiersprache kennen, bevor er programmieren kann. Neben „erinnern" kann auch der Begriff „erkennen" verwendet werden, um den Lernprozess in der einfachsten Kategorie zu beschreiben.

2. Die zweite Kategorie ist „verstehen". Dabei ist das Ziel, dass die Informationen, die dem Lernenden vermittelt werden, einen Sinn geben. Zudem werden mit diesem Prozess des Verstehens neue Inhalte in bestehenden Wissensstrukturen integriert. Verstehen ist die Voraussetzung, um Wissensinhalte in andere Zusammenhänge übertragen zu können. Ein Beispiel dafür ist, dass ein Informatiker die Befehle einer Programmiersprache kennt und diese in unterschiedlichen Anwendungsfällen wiedererkennt. Weitere zulässige Verben der zweiten Kategorie – die neben „verstehen" den Sachverhalt der Zuordnung treffen – sind „interpretieren", „veranschaulichen", „klassifizieren", „zusammenfassen", „vergleichen", „erklären" oder „folgen".

3. Die dritte Kategorie bezeichnet das „Anwenden" des verstandenen Wissens. Dieser Stufe sind das Lösen von Problemen sowie das Üben von Abläufen zugeordnet. So soll z. B. ein Informatiker in der Lage sein, die zuvor erlernte Programmiersprache in unterschiedlichen Zusammenhängen anzuwenden. Synonyme für „anwenden" auf dieser Stufe sind „ausführen" oder „implementieren".

4. Die vierte Stufe stellt „analysieren" dar. Dies heißt, dass Inhalte in Einzelteile aufgeteilt werden und die Beziehung dieser Teile untereinander bestimmt werden kann. Zudem können diese in einer Gesamtheit eingeordnet werden. So gehört etwa die Leistung eines Informatikers, die unterschiedlichen Grundelemente einer spezifischen Programmiersprache in einem Softwareprogramm zu bestimmen und deren Wechselwirkungen untereinander aufzuzeigen, zu dieser Stufe. Neben „analysieren" werden auf der vierten Stufe auch die Begriffe „differenzieren", „organisieren" oder „zuordnen" genutzt.

5. Die Kategorie „bewerten" beinhaltet nur jene Bewertungsprozesse, die sich an klar definierten Kriterien oder Standards orientieren, die gut nachvollziehbar sind. In der Regel geht damit auch auch ein Vergleich verschiedener Alternativen einher. So zählt beispielsweise die Fähigkeit von Softwareentwicklern dazu, für einen bestimmten Anwendungsfall unter mehreren Möglichkeiten die Software auszuwählen, die dafür am besten geeignet ist. Neben „bewerten"

drücken auch die Verben „überprüfen" und „evaluieren" den Sachverhalt der
fünften Kategorie aus.

6. Die komplexeste Stufe – im Bereich des Lernens, Denkens und Verstehens –
ist die des „Erzeugens". Hier besteht die Aufgabe darin, bestehende Bestandteile derart neu zu erzeugen, dass ein funktionierendes Neues (im Kopf der
lernenden Person) entsteht, das nach außen hin in sich schlüssig ist. Das neu
geschaffene Produkt wird auf Grundlage der vorangegangenen Lernprozesse
erzeugt. Dies liegt beispielsweise vor, wenn Softwareentwickler mit den
erlernten Programmierkenntnissen ein Programm für einen neuen Anwendungsfall schreiben. „Generieren", „planen" und „entwickeln" sind weitere
Verben, die die komplexeste Stufe des Lernens abbilden können.

Die einzelnen Stufen werden zwar mit aufsteigender Nummer zunehmend komplexer. Sie stehen jedoch in keinem klar abgegrenzten Abhängigkeitsverhältnis
zueinander, wenngleich jedoch bestimmte Abhängigkeiten gegeben sind. So ist
es beispielsweise für jemanden unmöglich, gegebene Sachverhalte zu analysieren
(Stufe 4), ohne diese verstanden zu haben (Stufe 2). Das Gleiche gilt im Falle des
Bewertens (Stufe 5) oder Erzeugens (Stufe 6).

Neben der kognitiven Prozessdimension ergänzt die Wissensdimension die
erweiterte Bloomsche Taxonomie. In der Wissensdimension sind die Wissens-
kategorien ebenfalls kontinuierlich ansteigend angeordnet. Beginnend mit dem
Faktenwissen liegt jeder darauffolgende Wissenstyp auf einer höheren Abstrak-
tionsebene als der vorangegangene. Jedes Wissensgebiet enthält grundlegende
Elemente, deren Kenntnis für den Lernenden zwingend nötig ist, um Herausforderungen auf diesem Gebiet lösen zu können und einen gewissen Grad als
Experte zu erreichen.

Die erste Kategorie besteht aus dem Faktenwissen. Dieses ist eine notwendige
Voraussetzung für Lernende, um ein Fachgebiet kennenzulernen und entsprechende Probleme lösen zu können. Hierzu zählen unter anderem die Fachsprache
oder abgeschlossenes Detailwissen.

Das konzeptionelle Wissen bildet die nächste Kategorie. Grundsätzlich sind
damit Beziehungen von Grundelementen innerhalb einer größeren Struktur
gemeint, die das Zusammenwirken der dazugehörigen Teile ermöglichen. Ordnung, Strukturen, Klassifizierungen, Prinzipien, Gesetzmäßigkeiten, Konzepte
und Modelle gehören in diese Kategorie. Ein Beispiel ist der Lauf der Gezeiten.
Bestimmte einzelne Aspekte, z. B. der Abstand der Erde zur Sonne, die Neigung
der Erde und die Erddrehung in einer bestimmten Art und Weise, sind mit Ebbe
und Flut verbunden. Beim Faktenwissen und Konzeptwissen liegt der Fokus auf
dem „Wissen, was".

Die nächste Wissensart ist das prozedurale Wissen, das dynamische Prozesse betrifft. Hier geht es um das „Wissen, wie". Es umfasst fachspezifische Abläufe, Techniken und Methoden. Zu dieser Kategorie zählen das Einrichten von Produktionsprozessen bei wechselnder Nachfrage, Interviewtechniken in der Marktforschung oder wissenschaftliche Forschungsmethoden.

Auf der abstraktesten Stufe befindet sich das metakognitive Wissen. Diese Wissensart stellt eine Sonderform dar. Es handelt sich dabei über Wissen über die eigenen Wahrnehmungen (eigene Lernziele, Lerngewohnheiten usw.) und die Fähigkeit, den eigenen Lernprozess zu steuern (Stichwort Monitoring) sowie Informationsverarbeitungsstrategien und Problemlösestrategien gezielt anwenden zu können. Als Beispiel können hier Studierende angeführt werden, die einen Fachartikel nicht verstehen und dann wissen, was zu tun ist, um sich das nötige Wissen anzueignen. Metakognitives Wissen liegt dann vor, wenn Lernende dazu aufgefordert oder angeregt werden, das Ergebnis einer ihnen gestellten Aufgabe selbst zu überwachen.

Die erweiterte Bloomsche Taxonomie dient im digitalen Gamebook zur Sicherstellung der Lernzielqualität. Je nachdem, welche Zielgruppe angesprochen werden soll, können die Lernziele schwieriger oder weniger anspruchsvoll gestaltet werden.

2.2.3 Gamebook-Baustein als zentrale Einheit des digitalen Gamebooks

Der Gamebook-Baustein stellt den zentralen Ansatzpunkt des digitalen Gamebooks dar. Wie bereits in Abschn. 2.2.1 dargestellt, handelt es sich dabei um die kleinste Einheit, in der Lerninhalt und Lernziel integriert sind.

Abb. 2.3 zeigt den Lernprozess, wie er in einem Gamebook-Baustein abläuft und sich für den Lernenden darstellt. Ausgehend vom Lernziel und dem dadurch festgelegten Lerninhalt wird eine Herausforderung für den Lernenden formuliert. Grundsätzlich gibt es zwei Wege, wie die Herausforderungen gelöst werden können.

Im Fall 1) ist der Lernende ohne Hilfestellung so lange gezwungen, sich mit der Herausforderung zu beschäftigen, bis er sie lösen kann. In Fall 2) erhält er bei Nicht-Bewältigen der Herausforderung zusätzliche spezifische Informationen, bevor er sich der Herausforderung wieder stellt. Dieser Kreislauf wiederholt sich so lange, bis der Lernende die Herausforderung bewältigt und das Lernziel erreicht ist.

Für die Erstellung von kollaborativen digitalen Gamebooks wird schnell eine dreistellige Anzahl von Bausteinen benötigt. Um nicht für jeden Baustein eine

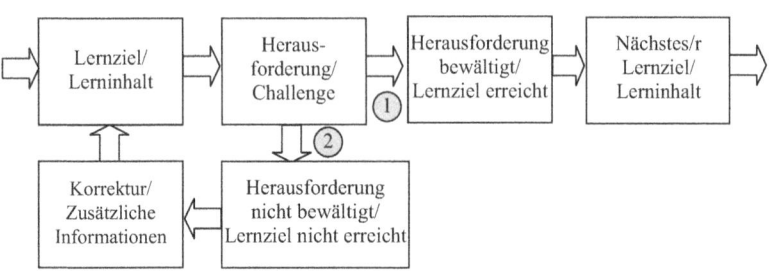

Abb. 2.3 Lernprozess eines Gamebook-Bausteins

eigene Ablaufstruktur schaffen zu müssen, empfiehlt sich die Anwendung von Templates/Vorlagen, sogenannten Baustein-Typen. Diese geben eine begrenzte Anzahl unterschiedlicher Abläufe innerhalb der Bausteine vor.

Um eine Automatisierung der digitalen Gamebook-Erstellung zu erreichen, folgt die Entwicklung der Baustein-Typen den Erkenntnissen der Software-Entwicklung. Diese besagen: Um ein Programm mit beliebiger Funktion erstellen zu können, ist lediglich eine kleine Anzahl strukturierter Programm-Elemente notwendig (Nassi und Shneidermann 1973). Im Einzelnen sind dies: Sequenz (sequence), Schleife (loop) und Selektion (branch). „Sequenz" bedeutet, dass Elemente direkt aufeinanderfolgen. „Loop" meint, dass es sich um einen Zyklus handelt. Dieser wird so lange wiederholt, bis eine gewünschte Bedingung erfüllt wird. Bei „Selektion" liegt eine Verzweigung vor, bei der unter mehr als einer Option ausgewählt werden muss.

Die gleiche Gesetzmäßigkeit gilt auch für das digitale Gamebook. Eine beliebig große Story kann durch das Hintereinanderschalten vorhandener Bausteine mit den gleichen Elementen aufgebaut werden. Aus dieser Überlegung heraus wurden insgesamt sechs unterschiedliche Baustein-Typen entwickelt, die auf die vorstrukturierten Programm-Elemente zurückgreifen. Es handelt sich um die Baustein-Typen „Loop", „Selektion", „Loop und Selektion", „Aufbau", „Erzwungene Kollaboration" und „Optionale Kollaboration". In Abb. 2.4 sind die Ablaufstrukturen je Baustein-Typ schematisch abgebildet.

Aus der Übersichtsdarstellung ist ersichtlich, dass die Bausteine jeweils einen definierten Startpunkt und einen definierten Endpunkt haben. Sie sind so gestaltet, dass man sie problemlos hintereinanderschalten kann. Dies erleichtert insbesondere die Programmierung des digitalen Gamebooks.

In den beiden Abb. 2.5 und 2.6 sind die beiden Baustein-Typen „Loop" und „Selektion" dargestellt.

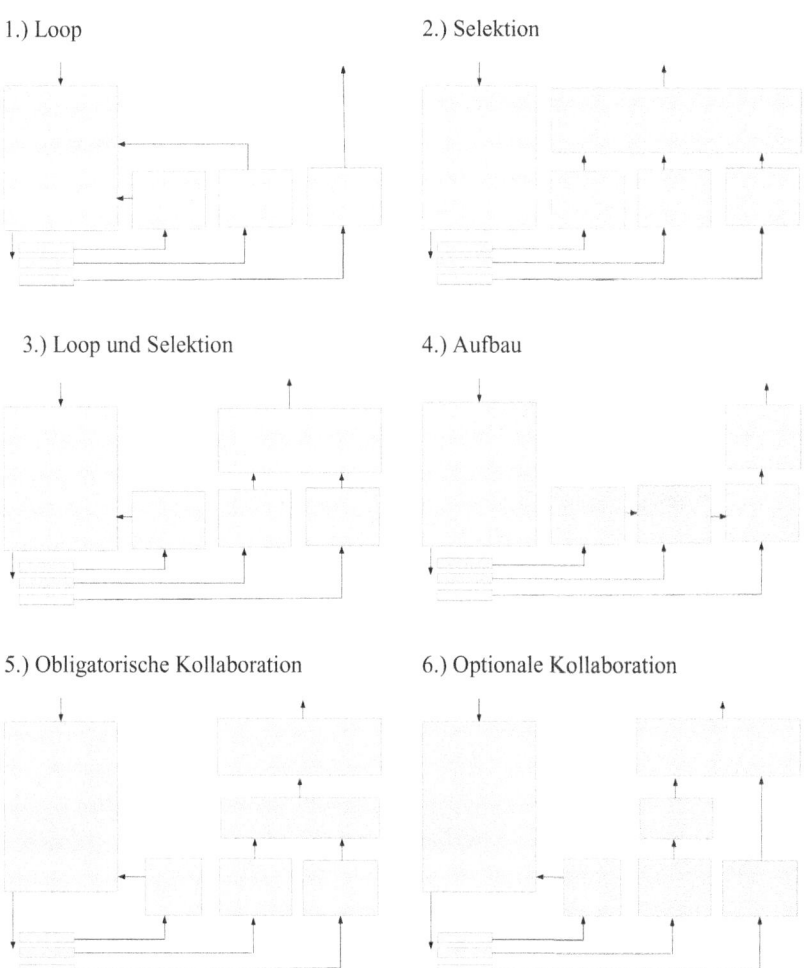

Abb. 2.4 Übersicht über die sechs unterschiedlichen Bausteintypen zur Erstellung des digitalen Gamebooks. (Quelle: Eigene Darstellung)

Der Baustein-Typ „Loop" gestaltet sich so, dass der Lernende zum Start auf eine Herausforderung (Challenge) trifft. Ihm stellen sich drei Optionen entgegen, aus denen er die eine richtige Option auswählen muss, um in der Geschichte weiterzukommen. Solange er sich für die beiden anderen Optionen entscheidet, wird er immer wieder an den Anfang zurückkommen. Sobald er sich für die richtige

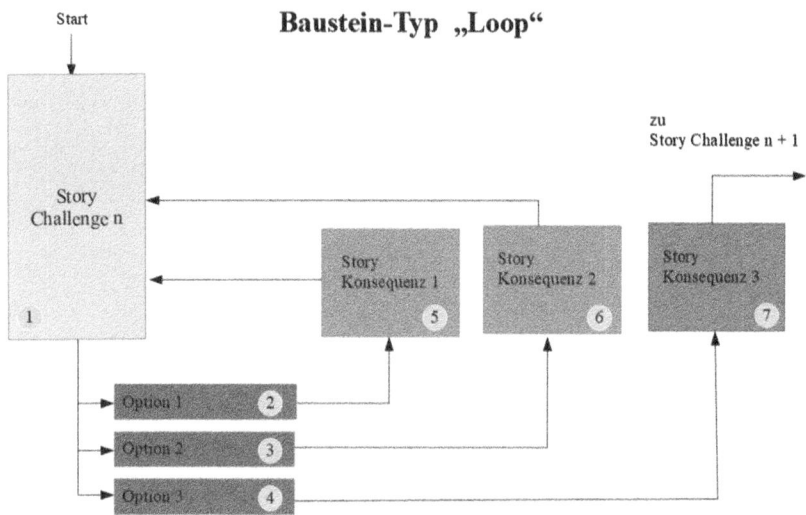

Abb. 2.5 Ablaufstruktur des Baustein-Typs „Loop". (Quelle: Eigene Darstellung)

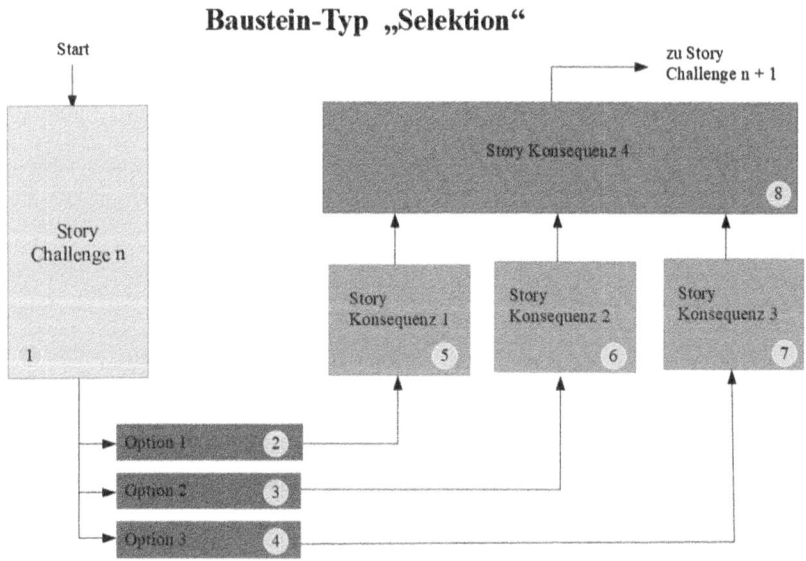

Abb. 2.6 Ablaufstruktur des Baustein-Typs „Selektion". (Quelle: Eigene Darstellung)

Option entschieden hat, verläuft sein Weg automatisch zur nächsten Herausforderung weiter.

Im Baustein-Typ „Selektion" trifft der Leser/Lernende nach dem Eingangstext ebenfalls wieder auf drei Optionen. Davon muss er eine Option auswählen, um in der Story weiterzukommen. Im Gegensatz zum Story-Baustein „Loop" führen ihn alle drei Optionen automatisch zum nächsten Baustein. In diesem Fall gibt es nicht die *eine* richtige Lösung, sondern sämtliche Wege sind zielführend und gehen automatisch zum folgenden Baustein weiter.

Im Gegensatz zum Software-Engineering ist es in einer Gamebook-Story aber von Vorteil, wenn der Spieler die dahinterstehende Struktur nicht erkennt. Deswegen ist es nötig, weitere Baustein-Typen hinzuzufügen, die jeweils aus Kombinationen aus „Loop" und „Selektion" bestehen. Es handelt sich um die Baustein-Typen „Loop und Selektion" sowie „Aufbau", die in den Abb. 2.7 und 2.8 dargestellt sind.

Der Baustein-Typ „Loop und Selektion" stellt eine Mischung der Baustein-Typen „Loop" und „Selektion" dar. Bei der Entscheidung für Option 1 durchläuft der Leser eine Schleife (Loop). Wenn die anderen Optionen 2 und 3 durchlaufen werden, bewegt er sich automatisch auf den folgenden Baustein zu.

Im Baustein-Typ „Aufbau" trifft der Lernende nach dem Start auf eine Entscheidung mit drei Optionen. Jede Option mündet automatisch in die nächste Stufe,

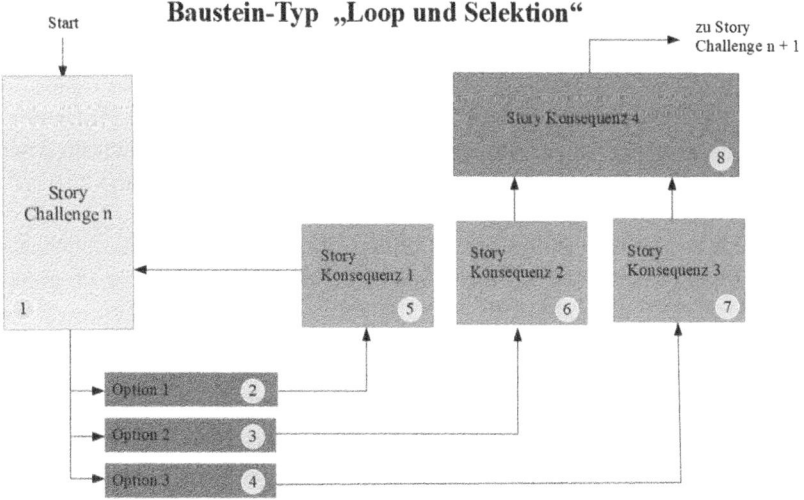

Abb. 2.7 Ablaufstruktur des Baustein-Typs „Loop und Selektion". (Quelle: Eigene Darstellung)

Baustein-Typ „Aufbau"

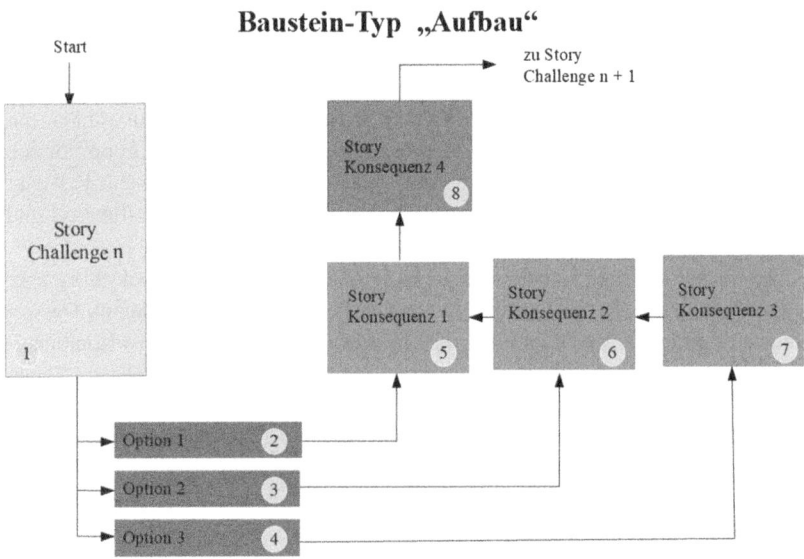

Abb. 2.8 Ablaufstruktur des Baustein-Typs „Aufbau". (Quelle: Eigene Darstellung)

ohne dass eine Hilfestellung benötigt wird. Gekennzeichnet ist dieser Baustein-Typ dadurch, dass er bei Auswahl der dritten Option automatisch in die zweite und von dort in die erste Option gelangt – ebenso wie von der zweiten in die erste Option.

Bei Bildung der Baustein-Typen ist außerdem zu beachten, dass kollaborative Elemente enthalten sind. Dies garantieren die Baustein-Typen „obligatorische Kollaboration" und „optionale Kollaboration", die in den Abb. 2.9 und 2.10 dargestellt sind.

Der Baustein-Typ „Obligatorische Kollaboration" ermöglicht eine verpflichtende Zusammenarbeit für sämtliche Spieler des digitalen Gamebooks im Sinne einer Learning Community.

Als Learning Community wird eine Lerngemeinschaft bezeichnet, in der Personen zusammengeschlossen sind, die beabsichtigen, sich gemeinsam mit einem bestimmten Thema intensiv auseinanderzusetzen, gemeinsam zu lernen, vorhandenes Wissen auszutauschen und zusammen an Problemstellungen zu arbeiten (Reinmann-Rothmeier et al. 2000). Die Learning Community wird in diesem Fall vom Lehrenden bewusst konstruiert. Der Lehrende ist in diesem Fall nicht mehr

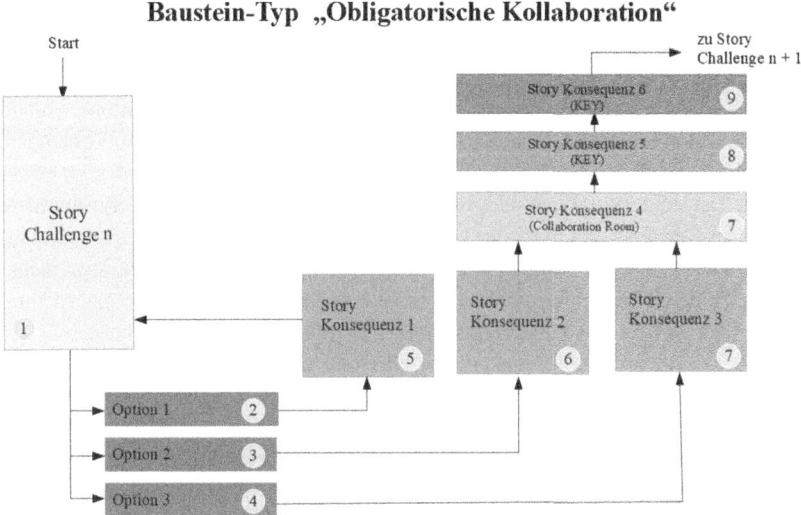

Abb. 2.9 Ablaufstruktur des Baustein-Typs „Obligatorische Kollaboration". (Quelle: Eigene Darstellung)

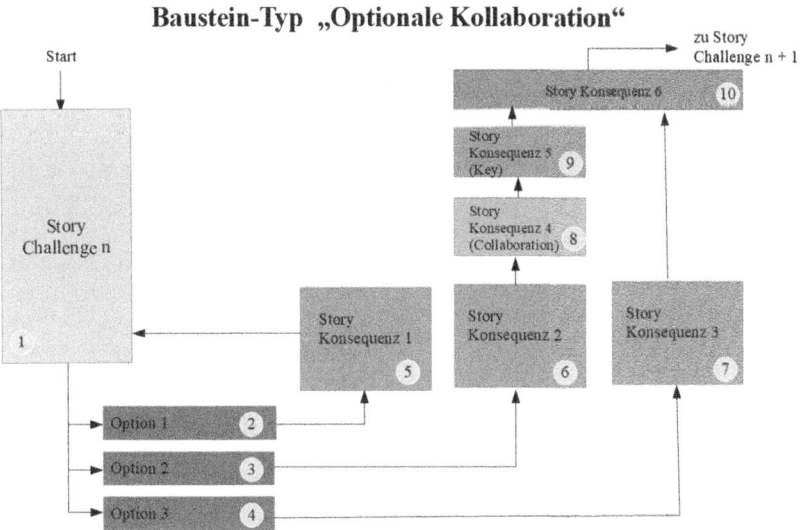

Abb. 2.10 Ablaufstruktur des Baustein-Typs „Optionale Kollaboration". (Quelle: Eigene Darstellung)

derjenige, der durch bewusstes didaktisches Handeln einen Lernprozess kontrolliert, sondern lediglich derjenige, der die Rahmenfaktoren setzt und Werkzeuge bereitstellt.

Die Ablaufstruktur des Baustein-Typs „Obligatorische Kollaboration" enthält sowohl „Loop"- als auch „Selektion"-Elemente und schreibt für jeden Lernenden die obligatorische Kollaboration zwingend vor.

Der Baustein-Typ „Optionale Kollaboration" sieht eine mögliche Zusammenarbeit vor. Das bedeutet, dass der Lernende mit einem anderen Lernenden zusammenarbeiten kann. Sie können sich gegenseitig unterstützen, müssen aber nicht. Somit handelt es sich hier um eine optionale Kollaboration im Sinne einer Community of Practice (Lave und Wenger 1991). Die Ablaufstruktur des Baustein-Typs „Optionale Kollaboration" entspricht dem Baustein-Typ „Obligatorische Kollaboration", bis auf die Tatsache, dass keine Kollaboration bei Wahl der Option 3 zustande kommt.

Abschließend lässt sich festhalten, dass ein Gamebook-Baustein durch die nachfolgenden Kriterien eindeutig bestimmt wird:

- Bausteinnummer
- Vorgänger-Bausteinnummer
- Nachfolger-Bausteinnummer
- Lernziel
- Lerninhalt
- Wissensdimension
- Kognitive Prozessdimension
- Bausteintyp

Tabellarisch ausgedrückt sieht die Festlegung folgendermaßen aus:

Baustein-nummer	Vorgänger	Nachfolger	Lernziel	Lerninhalt	Wissens-dimension	Kognitive Dimen-sion	Baustein-typ
1.1.2	1.1.1	1.1.3	…	…	Fakten	Bewerten	Loop

Die tabellarische Festlegung stellt die Voraussetzung dafür dar, dass die aufeinanderfolgenden Bausteine für die Programmierung des digitalen Tools eindeutig verwendet werden können.

2.2.4 Beispiel zum Aufbau eines Gamebook-Bausteins

Das folgende Beispiel zeigt, wie der Lerninhalt einer Weiterbildungsmaßnahme in einem digitalen Gamebook umgesetzt wird. Das Thema lautet „Effiziente Zeitplanung des Tagesablaufs". Die dazugehörige Ausgangssituation gestaltet sich folgendermaßen:

Im Berufsalltag von Beschäftigten eines Unternehmens spielt die Organisation der Zeitabläufe und die Zeiteinteilung eine bedeutende Rolle. Viele Angelegenheiten sind gleich dringend. Zunehmender Terminstress verhindert planvolles Arbeiten. Nehmen wir an, Sie sind als Personalentwickler in einem Unternehmen tätig und erhalten die Aufgabe, eine Weiterbildungsmaßnahme zu entwickeln, mit der die Mitarbeiter lernen, ihre Zeitplanung effizienter zu gestalten.

Wie in den Abschn. 2.2.1, 2.2.2 und 2.2.3 dargestellt, erfolgt die Erstellung eines Bausteins in folgenden Schritten:

a) Bestimmung des Lernziels
b) Festlegung des Lerninhalts
c) Dreistufige Einteilung des Lerninhalts
d) Lernzielgestaltung
e) Umsetzung in einem Baustein-Typ

Die dazugehörige Lösung sieht folgendermaßen aus:

a) Bestimmung des Lernziels
   Das *Lernziel* ist besteht darin, dass die Teilnehmer der Weiterbildungsmaßnahme ihre Zeit effizienter planen. Das heißt, dass Zeit durch eine verbesserte Zeitplanung eingespart werden kann.
   Hierbei handelt es sich um das Lernziel für die gesamte Weiterbildungsmaßnahme, aus der sich der nachfolgende Lerninhalt ergibt.
b) Festlegung des Lerninhalts
   Der *Lerninhalt,* um eine effiziente Zeitplanung zu erlernen und das Lernziel zu erreichen, besteht aus fünf Kapiteln:
   Kap. 1   Zielfindung und Zielmanagement
   Kap. 2   Prioritäten setzen: Eisenhower-Prinzip, ABC-Analyse, Pareto-Prinzip
   Kap. 3   Zeitsparende Verhaltensweisen
   Kap. 4   Tagesplanung nach der ALPEN-Methode, positiver Start, Prinzipien und Regeln.

Tab. 2.4 Dreistufige Einteilung des Lerninhalts. (Quelle: Eigene Darstellung)

Stufe 1: Der Lerninhalt des Moduls „Effiziente Zeitplanung" besteht aus vier Kapiteln			
Modul	Kap. 1: Zielfindung und -management	Kap. 2: Prioritäten setzen	Kap. 3: Zeitsparende Verhaltens-weisen · Kap. 4: Tagesplanung
Stufe 2: Ein Kapitel besteht aus einer oder mehreren Aufgaben			
Kap. 1	Aufgabe 1.1: Erfolgsfaktoren der Zielfindung	Aufgabe 1.2: Prioritäten bei der Zielfindung	Aufgabe 1.3: Persönlicher Handlungsplan	Aufgabe 1.4: Zielfindung mit SMART
Kap. 2	Aufgabe 2.1: Eisenhower-Prinzip	Aufgabe 2.2: ABC-Analyse	Aufgabe 2.3: Pareto-Prinzip	
Kap. 3	Aufgabe 3.1: Umgang mit Zeit	Aufgabe 3.2: Zeitgewinn-Regeln	Aufgabe 3.3: Freiräume schaffen	
Kap. 4	Aufgabe 4.1: Positiver Start in den Tag	Aufgabe 4.2: ALPEN-Methode	Aufgabe 4.3: Anwenden von Arbeitshilfen	Aufgabe 4.4: Prinzipien, Regeln und Checklisten
Stufe 3: Eine Aufgabe besteht aus einem oder mehreren Gamebook-Bausteinen			
Aufgabe 1.1	Baustein 1.1.1: Klärung von Zielen	Baustein 1.1.2: Nutzen der Zielfindung	Baustein 1.1.3: Handlungshoheit	Baustein 1.1.4: Projekte und Ziele
Aufgabe 1.2	Baustein 1.2.1: Zielhierarchie	Baustein 1.2.2: Handlungsziele	Baustein 1.2.3: Wunschziele	
…	…	…	…	…

c) Dreistufige Einteilung des Lerninhalts

Die dreistufige Einteilung des Lerninhalts gestaltet sich wie in Tab. 2.4 dargestellt. Exemplarisch erfolgt die Bildung der Bausteine für Aufgabe 1.1 „Erfolgsfaktoren der Zielfindung" und Aufgabe 1.2 „Prioritäten bei der Zielfindung".

d) Lernzielgestaltung

Nach der Ein- und Aufteilung des Lerninhalts erfolgt die Lernzielgestaltung, wie in Abschn. 2.2.2 erläutert. Als Beispiel, wie Lernziele nach der erweiterten Bloomschen Taxonomie formuliert werden können, dient Baustein 1.1.1 „Klärung von Zielen". In den Tab. 2.5 und 2.6 sind sämtliche Ausprägungen abgebildet.

Tab. 2.5 Beispielhafte Anwendung der erweiterten Bloomschen Taxonomiematrix (1). (Quelle: Eigene Darstellung)

Knowledge Dimension (Wissensdimension)	Cognitive Process Dimension (Kognitive Prozessdimension)		
	1 Remember (Erkennen)	2 Understand (Verstehen)	3 Apply (Anwenden)
A Factual (Fakten)	Ich erkenne das Klären von Zielen	Ich verstehe das Klären von Zielen	Ich kann das Klären von Zielen ausführen
B Conceptual (Konzeptionell)	Ich erkenne das Konzept, mit dem Ziele geklärt werden	Ich verstehe das Konzept, mit dem Ziele geklärt werden	Ich wende das Konzept an, mit dem Ziele geklärt werden
C Procedural (Prozedural)	Ich erkenne den Ablauf, wie Ziele geklärt werden	Ich verstehe den Ablauf, wie Ziele geklärt werden	Ich wende den Ablauf an, mit dem Ziele geklärt werden
D Metacognitiv (Metakognitiv)	Ich erkenne eine unter vielen Strukturen, mit der Ziele geklärt werden	Ich verstehe eine unter vielen Strukturen, mit der Ziele geklärt werden	Ich wende eine unter vielen Strukturen an, mit der Ziele geklärt werden können

Tab. 2.6 Beispielhafte Anwendung der erweiterten Bloomschen Taxonomiematrix (2). (Quelle: Eigene Darstellung)

Knowledge Dimension (Wissensdimension)	Cognitive Process Dimension (Kognitive Prozessdimension)		
	4 Analyse (Analysieren)	5 Evaluate (Bewerten)	6 Create (Erzeugen)
A Factual (Fakten)	Ich kann das Klären von Zielen analysieren	Ich kann das Klären von Zielen bewerten	Ich kann eine eigene Zielklärung entwickeln
B Conceptual (Konzeptionell)	Ich kann ein Konzept analysieren, mit dem Ziele geklärt werden	Ich kann ein Konzept bewerten, mit dem Ziele geklärt werden	Ich kann ein Konzept, mit dem Ziele geklärt werden, entwickeln
C Procedural (Prozedural)	Ich kann den Ablauf, mit dem Ziele geklärt werden, analysieren	Ich kann den Ablauf, mit dem Ziele geklärt werden, bewerten	Ich kann einen Ablauf, mit dem Ziele geklärt werden, erzeugen
D Metacognitiv (Metakognitiv)	Ich kann eine unter vielen Strukturen, mit der Ziele geklärt werden, analysieren	Ich kann eine unter vielen Strukturen, mit der Ziele geklärt werden, bewerten	Ich kann eine Struktur erzeugen, mit der Ziele geklärt werden

Wie leicht zu erkennen ist, werden die Lernziele mit zunehmender Wissensdimension und kognitiver Prozessdimension komplexer und anspruchsvoller.
Der am wenigsten komplexe Lernzielgrad wird mit dem Lernziel „Ich erkenne
das Klären von Zielen" ausgedrückt. Der Lernende soll sich dabei in Erinne-
rung rufen, dass er das Klären von Zielen kennt. Den höchsten Lernzielgrad
beinhaltet der Baustein 1.1.1 „Klären von Zielen" mit dem Lernziel „Ich kann
eine Struktur erzeugen, mit der Ziele geklärt werden." In diesem Fall wird
vom Lernenden die Fähigkeit gefordert, das eigene Denken zu reflektieren.
Zudem soll er eine eigene innovative Struktur schaffen, mit der eine Zieklä-
rung erreicht werden kann.

e) Umsetzung in einem Baustein-Typ

Für das fortlaufende Beispiel wird als Wissensdimension der Begriff „konzep-
tionell" und als kognitive Prozessdimension „verstehen" herangezogen. Als
Lernziel ergibt sich „Ich verstehe das Konzept, mit dem Ziele geklärt werden."
Nach der Bestimmung des Lernzielgrades und der Lernzielformulierung
erfolgt die Bestimmung des Baustein-Typs wie in Abschn. 2.2.3 dargestellt.
Insgesamt stehen sechs verschiedene Baustein-Typen zur Auswahl:

– Loop
– Selektion
– Loop und Selektion
– Aufbau
– Obligatorische Kollaboration
– Optionale Kollaboration

Beispielhaft wird der Bausteintyp *Loop* für den Baustein 1.1.1 „Klärung von
Zielen" ausgewählt. Der dazugehörige Ablaufplan des Bausteins 1.1.1 findet
sich in Abb. 2.11.

Es ergibt sich folgender tabellarischer Ausdruck für den Baustein 1.1.1:

Baustein-nummer	Vorgän-ger	Nachfol-ger	Lernziel	Lerninhalt	Wissens-dimen-sion	Kognitive Dimen-sion	Baustein-typ
1.1.1	Start	1.1.2	Ich verstehe das Konzept, mit dem Ziele geklärt werden	Klärung von Zielen	Konzep-tionell	Verstehen	Loop

Anschließend erfolgt, wie in Tab. 2.7 dargestellt, die Ausgestaltung des Bausteins
und der darin enthaltenen Herausforderung mit dem entsprechenden Inhalt.

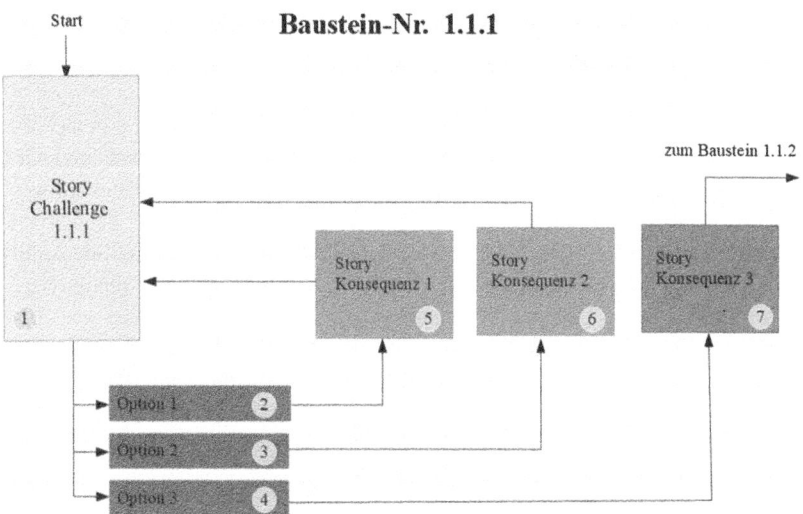

Abb. 2.11 Ablaufplan des Bausteins 1.1.1

Tab. 2.7 Ausgestaltung des Bausteins. (Quelle: Eigene Darstellung)

Element	Typ	Inhalt
1	Story Challenge	Das Konzept der Zielklärung basiert darauf, • Klarheit zu gewinnen, • Effektivität zu sichern, • Effizienz zu steigern und • Selbstevaluation zu ermöglichen. Welche der folgenden Fragen hilft dir dabei, dieses Konzept in Bezug auf deinen optimierten Tagesablauf umzusetzen?
2	Option 1	Wann beginnt und endet mein Arbeitstag in aller Regel?
3	Option 2	Wie genau stelle ich Klarheit über meinen Tagesablauf her?
4	Option 3	Wie genau sieht der zu erstrebende Zustand aus?
5	Story Konsequenz 1	Der Start in den Arbeitstag und das Ende des Arbeitstags stellen sicherlich wichtige Eckpfeiler des Tagesablaufs dar. Um allerdings das Ziel der Zeiteinsparung zu erreichen, sind andere Fragen, die du dir stellen kannst, wichtiger
6	Story Konsequenz 2	Das ist eine gute Frage. Als erstes solltest du dir aber Gedanken machen, welchen Zustand du eigentlich anstrebst
7	Story Konsequenz 3	Du hast schon einiges begriffen… Notiere Dir diese Frage und beschreibe diesen Zustand mit maximal 20 Wörtern

2.3 Komponente 2: Story als Kernstück des Gamebooks

Das Grundprinzip des Gamebooks ist folgendes: Die gesamte Story ist in mehrere nummerierte Abschnitte unterteilt. Der Leser beginnt bei Abschnitt eins und wird nach dem Lesen vor eine Wahl gestellt. Entsprechend seiner Entscheidung wird bei einem anderen Abschnitt fortgefahren. Dieser eröffnet dem Leser dann erneut eine Wahlmöglichkeit. Dies setzt sich so lange fort, bis man entweder die Auflösung oder den Schluss des Buches erreicht (üblicherweise der letzte nummerierte Abschnitt) oder aber zu einem Abschnitt gelangt ist, der das Scheitern oder Ausscheiden des Spielers verkündet.

Dadurch ist der Spieler selber Teil der Handlung (Handlungsteilnehmer), da er selbst entscheiden kann, in welche Richtung er fortschreitet. Er erlebt die Story aus der Ich-Perspektive und ist unmittelbar von den Auswirkungen der Handlung betroffen. Im Grunde genommen handelt es sich bei dem Teilnehmer um einen Avatar, eine Transfergestalt. Der Spieler transferiert das Geschehen der Story in seinen Kopf und macht damit eigene Erfahrungen, die sogenannten künstlichen Erfahrungen (engl.: *artificial experience*). Bei den Storys handelt es sich zumeist um Texte in Prosa, die von einem Erzähler geschildert werden und eine eher überschaubare Handlung und Figurenkonstellation aufweisen. Oft beleuchtet die Story das Schicksal einer Einzelperson oder einer kleinen Figurengruppe. Im Mittelpunkt von Abschn. 2.3.1 steht deswegen das Story-Design. Dabei wird die Vorgehensweise zum Anfertigen einer geeigneten Story erläutert. Dabei wird angezeigt, welche Elemente das Story-Design ausmachen. Abschn. 2.3.2 beschäftigt sich mit der Handlungsstruktur, Story-Plots und Story-Settings, die in einem digitalen Gamebook angewendet werden können. In Abschn. 2.3.3 sind Beispiele zum Erstellen eigener Gamebooks angeführt.

2.3.1 Story-Design

Es ist nicht der aufrechte Gang, der den Menschen zum Menschen macht. Diesen Trick beherrschte auch schon der T-Rex. Der große Unterschied aller Tierarten zum Menschen liegt in der Fähigkeit des Erzählens. Auf diesen Nenner bringt der Biologe Werner Siefer in seinem Buch *Der Erzählinstinkt* die Bedeutung des Erzählens (Siefer 2015).

In der Tat begleiten Geschichten die Menschen seit ihrer Entstehung vor Zigtausenden von Jahren. Der Mensch ist als einziges Lebewesen auf unserem

Planeten in der Lage, Erlebnisse und Erinnerungen als Erzählungen zu gestalten und Geschichten zu entwickeln, die nur in der menschlichen Vorstellungswelt existieren. Geschichten können von Dingen handeln, die in der realen Welt gar nicht vorkommen. Das können Zukunftsszenarien sein – oder mit Geister und Dämonen behaftete Geschichten in der Gegenwart. In Geschichten lassen sich Kenntnisse und Wissen vermitteln, die Vergangenes, technische Fertigkeiten, drohende Gefahren, Hoffnungen, Ziele oder Träume einbeziehen. Von den Ureinwohnern Australiens ist bekannt, dass sie ihr Wissen weit über zehntausend Jahre lang in Form von Geschichten weitergegeben haben. Da sie nie eine Schrift entwickelt haben, ist dies heute noch ihre zentrale Form der Wissensvermittlung.

Menschen haben sich schon immer Geschichten erzählt. In diesen Geschichten wurden überlebenswichtige Erfahrungen weitergegeben, Werte und Normen vermittelt sowie Wissen geteilt. Geschichten erzeugen vielfältige Emotionen, die durch das enthaltene Wissen und die gemachten Erfahrungen verbinden. Erkenntnisse werden anschaulicher. Ein Lerneffekt stellt sich ein, der sicherstellt, dass wir uns noch lange und gerne an die Geschichten erinnern können.

Geschichten für Gamebooks lassen sich entweder aus realen Erlebnissen – den sogenannten *True Stories* – oder aus erfundenen Geschichten entwickeln. Dies wird dann als Fiktion bezeichnet. Als Gamebook umgesetzte fiktive Geschichten werden deshalb oft auch als *Interactive Fiction* bezeichnet. Bei einem digitalen Gamebook für den Bildungsbereich soll aber nicht nur eine spannende Story, sondern auch spezifisches Wissen vermittelt werden, deshalb werden auch die Wissensbestandteile in die jeweiligen Spannungsbögen integriert und zwar so, dass diese Teil der Geschichte sind. Wie dies erreicht wird, zeigt das zweite Kapitel detailliert auf.

Zum Anfertigen der Story für das digitale Gamebook empfiehlt sich die in Abb. 2.12 dargestellte Vorgehensweise – das Story-Design. Dies wird nachfolgend kurz erläutert. Im ersten Schritt erfolgt die Bestimmung der Handlungsstruktur, die auch als Erzählaufbau bezeichnet wird. Sie hilft dem Verfasser, den sogenannten Handlungsstrang zu skizzieren, der nichts weiter ist als der Beginn und Verlauf einer Geschichte von einem bestimmten Gesichtspunkt aus. In Schritt zwei wird die Auswahl eines Story-Plots, des sogenannten Erzählmusters, durchgeführt. Diese unten aufgeführten entstammen dem Buch von Christopher Booker *The Seven Basic Plots: Why We Tell Stories* (2005).

Es handelt sich um die folgenden sieben unterschiedlichen Story-Plots:

- Das Monster bezwingen (Overcoming the Monster)
- Die Reise mit Wiederkehr (Voyage and Return)

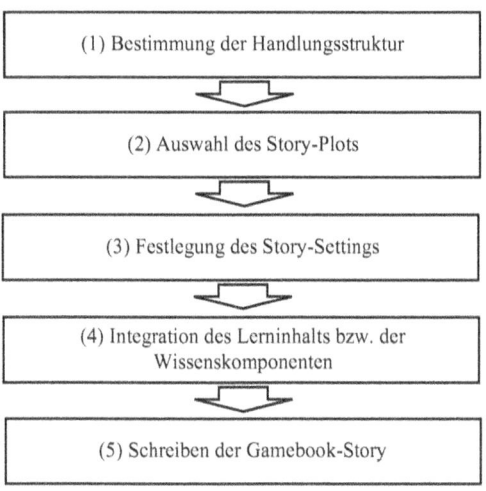

(1) Bestimmung der Handlungsstruktur

(2) Auswahl des Story-Plots

(3) Festlegung des Story-Settings

(4) Integration des Lerninhalts bzw. der
Wissenskomponenten

(5) Schreiben der Gamebook-Story

- Die Suche (The Quest)
- Komödie (Comedy)
- Tragödie (Tragedy)
- Wiedergeburt oder Erneuerung (Rebirth)
- Der Aufstieg (Rags to Riches)

Mit der Wahl des Story-Plots wird auch das Ziel der Geschichte bestimmt.

Der dritte Schritt beinhaltet die Festlegung des Story-Settings. Das heißt, dass Ort, Zeit und Handlung im Detail festgelegt werden. Für den Fall, dass eine „Reise mit Wiederkehr" als Story-Plot ausgewählt wird, wird beispielsweise eine Reise um die Welt oder eine Reise zum Mond und zurück eingesetzt. Das Story-Setting gibt also Antwort auf die Fragen „Wie wird der Story-Plot umgesetzt?" und „Welche Orte, Handlungen und Personen sind darin eingebunden?" Die Grenzen, eine Geschichte mit einem vorgegebenen Ziel umzusetzen, werden dabei nur durch die eigene Fantasie gesetzt.

In Schritt vier wird der Inhalt bzw. werden die Wissenskomponenten der Story angepasst. Es erfolgt eine Zuordnung der aufgeteilten Lerninhalte zu Handlungsstruktur. Nachdem nun sämtliche „Vorarbeiten" geleistet wurden, steht im abschließenden Schritt das Schreiben der Gamebook-Story an.

2.3.2 Handlungsstruktur, Story-Plot und Story-Setting

Tab. 2.8 gibt eine Übersicht über die Bestandteile einer Gamebook-Story: Handlungsstruktur, Story-Plot, Story-Setting und Integration der Wissenskomponenten. Im Nachfolgenden werden die Bestandteile näher ausgeführt.

Jede Story folgt einer *Handlungsstruktur,* die das Grundgerüst für eine Geschichte bildet. Dieses Gerüst hilft dem Leser, der Geschichte zu folgen, diese zu verstehen und als spannend zu empfinden. Selbst spontane Geschichtenerzähler folgen unbewusst dieser Struktur, um ihre Geschichten für die Zuhörer spannend zu machen.

Tab. 2.8 Bestandteile einer Gamebook-Geschichte. (Quelle: Eigene Darstellung)

Bestandteil	Zweck	Inhalt
Handlungsstruktur der Story	Bildet das Grundgerüst für eine Geschichte und hilft dem Leser dadurch, der Geschichte zu folgen, diese zu verstehen und als spannend zu empfinden	• Ausgangssituation in Form von Routine oder Alltagssituation mit Einführung einer Hauptfigur • Beginn eines Konflikts oder einer Herausforderung, die die Hauptfigur überwinden muss • Steigerung, Höhepunkt • Lösung als positives oder negatives Ereignis • Abschlussbild
Story-Plot	Gibt den Zweck der Geschichte vor und bestimmt dadurch das Ziel des Spiels	Sieben universelle Story-Plots: • Reise und Wiederkehr • Das Monster bezwingen • Die Suche • Komödie • Tragödie • Die Wiedergeburt • Der Aufstieg
Story-Setting	Beantwortet die Frage, wie der Story-Plot ausgestaltet wird	• Orts- und Zeitangabe der spielerischen Handlung der Geschichte • Vergabe der Rollen der Darsteller, insbesondere des Hauptdarstellers
Wissenskomponenten	Liefert das zu vermittelnde Wissen, das der Spieler des Gamebooks als Lernstoff behandeln soll	• Wissens- und Entscheidungskomponenten sind jeweils durch das Lernziel und den Lerninhalt definiert • Zuordnung der Lernziele zu einer Wissensdimension und einer kognitiven Dimension

Üblicherweise erfolgt die Aufteilung in drei, fünf oder sieben Punkte. Sämtliche Handlungsstrukturen enthalten die gleichen Elemente, so wie sie nachfolgend anhand einer Fünf-Punkte-Struktur erläutert werden:

- **Ausgangssituation:** Darstellung der Ausgangssituation in Form von einer Routine oder Alltagssituation mit Einführung der Hauptfigur
  Beispiel: „Johanna geht in den Supermarkt, um Lebensmittel einzukaufen."
- **Herausforderung/Konflikt:** Beginn eines Konflikts oder einer Herausforderung bzw. mehrerer Konflikte oder Herausforderungen, die die Hauptfigur überwinden muss.
  Beispiel: „An der Kasse bemerkt sie, dass sie den Geldbeutel zu Hause vergessen hat."
- **Steigerung:** Steigerung der Herausforderung bis zum Höhepunkt
  Beispiel: „Die Kunden in der Warteschlange fangen an, Johanna zu beschimpfen."
- **Lösung:** Positive oder negative Lösung der Herausforderung
  Beispiel: „Der Kassierer rettet Johanna, er leiht ihr das notwendige Geld." (positiv)
  oder „Der Kassierer schickt Johanna zurück, sie muss alle Einkäufe wieder einzeln zurücklegen." (negativ)
- **Abschluss:** Abschlussbild zum Ausgang der Herausforderung
  „Johanna sendet dem Kassierer zum Dank von zu Hause aus einen Kinogutschein zu."
  oder „Johanna schreibt zu Hause einen vernichtenden Blogbeitrag, den sie sogleich in den sozialen Medien veröffentlicht."

Durch das Einfügen weiterer Herausforderungen und Spannungsbögen lässt sich die Handlungsstruktur einer Geschichte beliebig erweitern.

Beim Gamebook handelt es sich um eine zusammenhängende Geschichte, deren Verlauf sich in der Regel über mehrere Kapitel erstreckt. Die erwähnten fünf Punkte bilden dabei den Spannungsbogen. Wenn das Gamebook einen kompletten Kurs beinhaltet und damit über mehrere Kapitel geht, ist es möglich, sowohl über den kompletten Kurs als auch innerhalb der Kapitel eine Vielzahl unterschiedlicher Spannungsbögen einzubringen.

Nach der Bestimmung der Handlungsstruktur wird der Story-Plot der Geschichte festgelegt. Unter einem Story-Plot versteht man ein Erzählmuster, das für die Anfertigung der Story einen großen praktischen Nutzen besitzt. Nach Booker (2005) gibt es, wie oben bereits erwähnt, insgesamt sieben grundlegende Story-Plots, die als Erzählmuster sämtlicher existierender Geschichte dienen. Alle anderen Geschichten stellen lediglich Variationen oder Wiederholungen dieser sieben Story-Plots dar. Dies ist unabhängig davon, ob es um Literatur, Filme oder Unternehmensgeschichten geht. Bei den sieben universellen Story-Plots handelt es sich um die bereits aufgezählten folgenden Ausprägungen:

- Das Monster bezwingen (Overcoming the Monster)
- Die Reise mit Wiederkehr (Voyage and Return)
- Die Suche (The Quest)
- Komödie (Comedy)
- Tragödie (Tragedy)
- Wiedergeburt oder Erneuerung (Rebirth)
- Der Aufstieg (Rags to Riches)

Im Nachfolgenden wird jeder einzelne universelle Story-Plot – versehen mit einem Entwicklungs-Tipp – kurz vorgestellt:

1. Das Monster bezwingen (Overcoming the Monster)
   Der Hauptdarsteller macht sich auf, um einen oder mehrere Widersacher zu besiegen, die den Protagonisten oder dessen Heimat bedrohen. Das wesentliche Element einer solchen Geschichte sind eine oder mehrere Herausforderungen, die das „Monster" dem Hauptdarsteller in den Weg stellt und die bewältigt werden müssen. Das Monster kann beispielsweise vielfältige Formen annehmen und muss nicht ein Monster im eigentlichen Sinne sein. Es kann beispielsweise ein unüberwindbarer Berg sein, der bezwungen werden will, oder die Bedrohung einer Maschine, der man ausweichen soll. Eine Horde wilder Tiere, denen man entkommen muss, ist ebenfalls möglich. Kurzum: Es sind hier jegliche Arten von Herausforderungen vorstellbar. Dazu zählen auch solche, die in Form von Rätseln auf den Hauptdarsteller treffen und die es zu lösen gilt. Dieser Story-Plot lässt sich sehr universell anwenden. Als Monster eignen sich ebenfalls schwierige Aufgabenstellungen, welche aus den Wissensgebieten stammen, die im Gamebook selbst vermittelt werden sollen.
   Bekannte Beispiele aus der Filmwelt sind *Jurassic Park, James Bond, The Hunger Games, Die Insel der Abenteuer, 10.000 B.C.* oder *Dracula*. In den erwähnten Beispielen muss die Hauptperson Saurier, Bösewichte, Spielgegner, Unwetter, Sklaventreiber oder Vampire bekämpfen.
   Entwicklungs-Tipp: Als Monster eignet sich jegliche Art von Hindernis. Ein Beispiel hierfür könnte das „Hotel Friendship" sein: Hotelmanager Boris hat endlich sein Hotel in der Karibik verwirklicht – alles ist eingerichtet, aber dieses Jahr bleiben die Gäste aus. Es fehlt an Geld, er muss nun einen Weg finden, um Umsatz zu generieren. In seiner Verzweiflung ruft er einen Freund an, der

ein Experte in Mathematik ist. Dieser bietet ihm an, einen zweiwöchigen Kongress mit 1000 Personen zu organisieren unter der Bedingung, dass das Hotel auf Mathematik ausgerichtet sein muss. Die Zimmernummern sollen als Formel ausgeschrieben sein, das Mittagsmenü als in Form von statistischen Wahrscheinlichkeiten und die Preise an der Bar im Hexadezimal-System. Der Anlass würde 1,8 Mio. US\$ an Umsatz generieren, was die Rettung für Boris wäre. Boris geht ans Werk, er setzt sich nun intensiv mit Mathematik auseinander.

In diesem Beispiel ist das Wissensgebiet Mathematik nur beispielhaft genannt, es kann durch jedes andere Gebiet ersetzt werden, wie zum Beispiel durch interkulturelle Kommunikation oder Atom- und Kernphysik. Der Spieler des Gamebooks übernimmt dabei die Rolle von Boris.

2. Die Reise mit Wiederkehr (Voyage and Return)

Der Protagonist begibt sich auf eine Reise in fremde Gegenden und kehrt nach Überwindung der Bedrohungen, die er meistern muss, erfolgreich zurück. Dieser Story-Plot beinhaltet immer eine Reise, welche mit der Rückkehr zum Ursprungsort endet. Als Reise kommen nicht nur realistische Abenteuer in Betracht, sondern auch Weltraumreisen, Traumreisen oder Zeitreisen. Während der ganzen Reise muss dieser Plot immer den Aspekt berücksichtigen, dass der Hauptdarsteller in irgendeiner Form unterwegs ist, aber auf jeden Fall wieder zurück an den Ausgangspunkt will und er dies auch erfolgreich bewältigen kann. Bei diesem Story-Plot können Aufgabenstellungen aus zu vermittelnden Wissensgebieten so im Gamebook integriert werden, dass diese bei Erfolg eine Weiterreise ermöglichen. Dieser Plot ist auch universell verwendbar und lässt sich gut in Abenteuer-Geschichten integrieren, welche ihren Abschluss in der erfolgreichen Rückkehr finden.

Bekannte Beispiele aus der Filmwelt für diesen Story-Plot sind *Apollo 13, Alice im Wunderland, In 80 Tagen um die Welt, Die Zeitmaschine* oder *Zurück in die Zukunft*. In den erwähnten Beispielen finden Reisen um den Mond, Traumreisen, Reisen um die Welt, in die Zukunft oder in die Vergangenheit statt, wobei der Hauptdarsteller jeweils erfolgreich an seinen Ausgangpunkt zurückkehrt.

Entwicklungs-Tipp: Es muss nicht immer eine Weltreise sein. Es funktioniert auch im kleinen Stil, wie das folgende Beispiel mit dem Titel „Der Handlungsreisende – wie Mister Dealing zwölf Kunden an einem Tag bediente" zeigt: In der Geschichte muss sich Mr. Dealing laufend neues Wissen (aus dem zu vermittelnden Wissensgebiet) aneignen, um bei den Kunden erfolgreich zu bestehen. Der Spieler des Gamebooks übernimmt dabei die Rolle von Mr. Dealing. Das Wissensgebiet kann frei gewählt werden, zum Beispiel „Change Management" oder „betriebliches Rechnungswesen".

3. Die Suche (The Quest)

Der Hauptdarsteller und mögliche Begleiter machen sich auf den Weg, um ein wichtiges Objekt zu erwerben oder an einen Ort zu gelangen, wobei der oder die Suchenden viele Hindernisse und Versuchungen auf ihrem Weg überwinden müssen. In diesem Story-Plot geht es immer darum etwas zu suchen und die Geschichte damit endet, dass das Gesuchte gefunden wird oder zumindest Klarheit darüber herrscht, was damit geschehen ist. Das Gesuchte kann in unterschiedlichen Formen auftreten. Dies können Objekte, Menschen, Ideologien, Wünsche und Emotionen oder Wissensbestandteile sein, die das im Gamebook zu vermittelnde Fachwissen betreffen. Dieser Plot eignet sich insbesondere für Kriminalgeschichten, bei denen ein Täter oder eine Gruppe von Schuldigen gesucht wird. Der gesuchte Gegenstand, der auch immateriell sein kann, kann auch aus unterschiedlichen Bestandteilen bestehen. Diese werden im Laufe des Spiel gesammelt und erst am Schluss erfolgreich zusammengesetzt. Hervorragend eignen sich auch Bruchstücke eines Gegenstandes, wie ein heiliger Gral oder einzelne Seiten eines Buches, die am Schluss ein Gesamtwerk ausmachen. Letzteres kann sogar direkt den zu vermittelnden Wissensbereich des Gamebooks betreffen.

Als bekannte Beispiele aus der Filmwelt sind *Der Herr der Ringe, Der Jäger des verlorenen Schatzes, Die Schatzinsel, Enigma – das Geheimnis* oder *Odyssee* zu nennen. In den erwähnten Beispielen wird nach einem Ring, einem Schatz, einem geheimen Code oder einer vermissten Person gesucht.

Entwicklungs-Tipp: Das Gesuchte muss überhaupt nichts mit dem zu vermittelnden Wissensgebiet zu tun haben, obwohl dies natürlich erlaubt wäre. Das Beispiel „Der Leuchtturmwächter – die Suche nach dem verlorenen Schiff" verdeutlicht dies: Der pensionierte Leuchtturmwächter namens Sokraton hütet seinen Leuchtturm, er ist ihm ans Herz gewachsen. Sokraton besitzt ein riesiges Netzwerk, in welchem fast alle Leuchtturmwächter der Welt integriert sind. Eines Tages erfährt er, dass ein Schiff gesucht wird. Er aktiviert sein Netzwerk, er will alle Personen, die irgendwo auf einem Schiff sind, dazu animieren, nach dem verlorenen Schiff Ausschau zu halten. Sokraton nutzt einen Trick, um die Leute an Bord zur Ausschau zu animieren, indem er einen Wettbewerb veranstaltet. Alle Personen, die ein Schiff entdecken, sollen dieses beschreiben – anhand von Kennwerten, die thematisch vorgegeben sind. Wettbewerbsteilnehmer sollen daraus Name und Ort des Schiffes ermitteln. Wer dies schafft, erhält einen Gewinn von 200.000 US$. In der ersten Woche ist „Umweltschutz" das Thema. Die ersten Meldungen treffen ein: „Sehe ein Schiff, das drei stark rauchende Kamine hat und vermutlich

250 Liter Schweröl pro Minute verbraucht.", „Sehe ein Schiff, welches ohne fossile Energie vorwärtskommt, mit einem Segel, das geschätzte 50 Quadratmeter misst und möglicherweise 7 kw/h an Leistung umsetzt" … Sokrates weiß sofort, dass keines der Schiffe das Gesuchte ist. Der Spieler soll sich in diesem Beispiel mit dem Umwelttechnik-Wissen näher auseinandersetzen. Dabei spielt es auch hier keine Rolle, welches Wissensthema in die Geschichte eingebunden ist. Wäre anstelle von „Umweltschutz" das Thema „Versicherungswesen", so wäre dies ebenso möglich. Dies könnte dann folgendermaßen aussehen: Ein Schiff dieser Größe muss sicherlich mit einem Sachwert von 7 Mio. US$ unter Berücksichtigung einer Risikoprämie von 2000 US$ pro Person und Jahr versichert sein. Das Gamebook muss dann das nötige Wissen zur Verfügung stellen und dem Spieler dadurch eine Auseinandersetzung mit dem Thema ermöglichen. Der Spieler des Gamebooks übernimmt dabei die Rolle von Sokraton, er muss die Sache erfolgreich managen.

4. Komödie (Comedy)

Charakteristisch für eine Komödie ist ihr leichter und humorvoller Charakter und ein glückliches oder fröhliches Ende. Dazwischen liegt ein dramatisches Werk, in dem das zentrale Motiv der Triumph über die widrigen Umstände ist, der schließlich zu einem gelungenen oder glücklichen Abschluss führt. Bei genauer Betrachtung zeigt sich, dass die Komödie viel mehr als nur Humor darstellt. Das Muster, das der Komödie zugrunde liegt, besteht darin, dass der Konflikt immer verwirrender wird – bis dessen Lösung schlußendlich in einem einzigen klärenden Ereignis deutlich gemacht wird. Die meisten Romanzen fallen unter diese Kategorie. Dieser Story-Plot ermöglicht Handlungen, die stark übertrieben dargestellt werden können – und dadurch skurril oder lustig wirken. Geschichten dieser Art profitieren von der Tatsache, dass sie meist keinen logischen Aufbau benötigen. Einzelne Handlungen können sich auch aus reinem Zufall oder einem Affekt heraus ergeben, ohne dass dabei ein roter Faden in der Geschichte angelegt werden müsste. Es geht dann frei nach dem Motto: Wenn etwas Komisches passiert, braucht es dazu keine Begründung.

Bekannte Beispiele aus der Filmwelt finden sich bei *Mr. Bean, Vier Hochzeiten und ein Todesfall, Nachts im Museum* oder *Being John Malkovich*. In den erwähnten Beispielen finden urkomische Szenen aus dem täglichen Leben in einem Museum oder via Umweg über einen Selbst-Verwandlungsakt statt.

Entwicklungs-Tipp: Als Beispiel können hier Geschichten der Form „Die Abenteuer von Papa Moll" erwähnt werden. Anstelle von Papa Moll könnte auch Stephen Hawkins, Albert Einstein, Marie Curie oder die fiktive Nobelpreisträgerin Anne Sowiesieist treten – allesamt also angehende, bestandene oder fiktive Nobelpreisträger, welche Geschichten für Erwachsene besonders interessant machen können. In einem solchen Story-Plot besteht das Ziel darin, dass etwas oder eine Reihe von Dingen so passiert, dass es ungewöhnlich erscheint und in einem positiven Sinne außergewöhnlich wirkt. So könnte Anne Sowiesieist das Thema „Gesundheit und Ernährung" vermitteln, indem sie immer wieder in skurrile Situationen gerät: Sie möchte einen gesunden Kaugummi für ihre Kinder kaufen, der weder zahnschädigenden Zucker noch krebserregendes Aspartam enthält. Als sie den industriellen Mr. Baker kennenlernt, der das Süßungsmittel Xylit herstellt, geht es bald ans Heiraten. Alles ist perfekt – bis Anne herausfindet, dass Baker auch Aspartam produziert und sie sich an den Bruder ihres Mannes wendet. Der produziert das Süßungsmittel Sorbit. Die Geschichte nimmt ihren eigenen Lauf, bis Anne herausfindet, dass alle Verwandten ihres Mannes abhängig von Aspartam sind. Sie erfindet daraufhin ein natürliches Süßungsmittel auf der Basis von Stevia und schafft es, dass alle ihre Verwandten dieses erfolgreich verwenden und Abschied von Aspartam nehmen. In diesem Fall beschäftigt sich das Gamebook mit natürlichen und künstlichen Süßungsmitteln – aber auch hier wäre in der Geschichte jedes andere Wissensthema möglich.

5. Tragödie (Tragedy)

Der bedeutende Unterschied zu allen anderen Story-Plots liegt im Ende der Geschichte: Der Protagonist erreicht nicht das Ziel, das er sich vorgenommen hat. Das rührt daher, dass er entweder mit einem großen „Charakterfehler" behaftet ist, der letztendlich sein Verderben ist, oder er befindet sich in einem Umfeld, das seinen Untergang in irgendeiner Weise heraufbeschwört. Sein unglückseliges Ende erzeugt Mitleid mit dem untergehenden Protagonisten. Dieser Story-Plot ist stark auf das Wesen und den Werdegang eines Menschen bezogen, der am Ende immer einen Untergang erlebt. Der Story-Plot der Tragödie kann sehr gut für emotionale Erlebnisse herangezogen werden – auch dann, wenn diese aufgrund des Untergangs am Schluss nicht in Freude, sondern in Trauer enden. Er ermöglichst dadurch besonders gut eine lang anhaltende emotionale Verankerung des zu vermittelnden Wissensgebietes.

Bekannte Beispiele aus der Filmwelt für diesen Story-Plot sind *Titanic, Das Leben ist schön (La vita e bella)* oder *Honig im Kopf*. In den erwähnten Beispielen findet ein tragischer Untergang auf See, eine verordnete Ermordung oder der allmähliche tragische Verlust des Gedächtnisses statt.

Entwicklungs-Tipp: In einer Tragödie beendet der Hauptdarsteller sein Dasein zwangsweise mit einem Untergang von sich selbst. In diesem Fall empfiehlt es sich, dass der Spieler des Gamebooks diese Rolle nicht selbst spielen muss. Besser ist es, wenn er in diesem Story-Plot die Rolle des

Begleiters einnimmt, der immer als Helfender dasteht und dann am Schluss nicht untergehen muss. Kein Spieler möchte am Ende des Spiels seinen eigenen Untergang erleben. Mit der Geschichte des eigenen Unterganges lässt sich das Lernen schlecht vereinbaren.

Ein Film-Beispiel stellt hier *Rainman* dar, in welchem sein Bruder dem Autisten immer zur Seite steht und vieles über sein eigenes Leben erfährt.

6. Der Aufstieg (Rags to Riches)

Der von Haus aus arme Protagonist erwirbt Dinge wie Macht, Reichtum oder einen Gefährten – bevor er alles verliert und es wieder zurückgewinnt, wobei er als Person wächst: ein klassischer Story-Plot, der auch unter der Bezeichnung „Vom Tellerwäscher zum Millionär" bekannt ist. Er stellt sozusagen das Gegenteil der Tragödie dar. Er liefert Geschichten, die anfangs als Tragödie anmuten, sich dann aber durch das Erfolgsrezept in eine Glücksstory mit Happy-End verwandeln. Wie bei der Tragödie kann auch hier eine emotionale Verankerung des Wissensgebietes hervorgerufen werden, wobei die Tragödie nachhaltiger wirkt. So ist die Untergangs-Story der Titanic auch nach über 100 Jahren immer noch aktuell, währenddessen Tellerwäscher-Stories eher in Vergessenheit geraten sind. Bekannte Beispiele aus der Filmwelt stellen *Rocky, Slumdog Millionaire* oder *Pretty Woman* dar. Es findet jeweils ein glorifizierter Aufstieg eines Preis-Boxers, eines in Armut lebenden Slum-Bewohners oder einer Prostituierten statt.

Entwicklungs-Tipp: Glaubhafte Vorlagen zu diesem Story-Plot können direkt aus der Wirklichkeit entnommen werden. So eignet sich zum Beispiel die Lebensgeschichte von Joanne K. Rowling, die als alleinerziehende Mutter eines Kleinkindes von Sozialhilfe lebte und nebenbei an einem Roman schrieb, als Story. Ihr Manuskript über die Geschichte eines Zauberlehrlings wurde zunächst von verschiedenen Buchverlagen abgewiesen. Schließlich fand Rowling doch noch einen kleinen Verlag, der willens war, das Buch zu veröffentlichen. Der Erfolg dieses Buches war so überwältigend, dass Rowling weitere Bände schrieb und heute als eine der reichsten Frauen Englands gilt. Der Spieler selbst übernimmt in einem Gamebook dabei die Rolle von Rowling und anstelle eines Buches über einen Zauberlehrling würden Inhalte eingebunden, welche mit dem zu vermittelnden Wissen zu tun haben.

7. Wiedergeburt oder Erneuerung (Rebirth)

Im Laufe der Geschichte zwingt ein wichtiges Ereignis die Hauptperson dazu, einen anderen Weg einzuschlagen, was sich an einer Neubelebung der Person erkennen lässt. Die Person wird dabei oft zu einem „besseren" Menschen macht. Dieser Story-Plot bedingt die positive Veränderung der Hauptperson. Es lassen sich zunächst ungeahnte Veränderungen erzeugen und in einem positiven Licht darstellen. Damit verbundene Geschichten erlauben es, einen Anfangszustand im Verlaufe des Geschehens in das Gegenteil zu verwandeln. So kann beispielsweise die Hauptperson, welche Mathematik als uninteressant empfindet, gezwungenermaßen in die Situation kommen, als Mathe-Lehrer tätig zu werden, und lernt dabei die faszinierenden Schönheiten dieses Gebietes kennen.

Bekannte Beispiele aus der Filmwelt sind *Die rote Schildkröte, Stadt der Engel, Die Schöne und das Biest* oder *Pans Labyrinth*. In den erwähnten Beispielen zeigen sich Erneuerungen, verursacht durch eine Schildkröte, einen Engel, eine Bestie oder durch Figuren der Unterwelt.

Entwicklungs-Tipp: Am Anfang einer solchen Geschichte steht die Frage „Was soll verändert werden und durch welches Ereignis geschieht dies?" Damit können zum Beispiel Geschichten folgender Art entwickelt werden: Das Leben einer jungen Frau ändert sich dadurch, dass sie vom Pferd fällt und von da ab im Rollstuhl leben muss. Zunächst ist sie depressiv und lustlos, bis sie eine neue Qualität entdeckt: Zeit haben für andere. So widmet sie sich Problemstellungen, welche an sie herangetragen werden. Sie sucht Lösungen dafür und berät Leute, die dafür sehr dankbar sind. Als Inhalt ihrer Problemstellungen bietet sich wiederum das im Gamebook zu vermittelnde Wissensgebiet an.

Obwohl den meisten Geschichten eindeutig ein grundlegender Story-Plot nach Booker (2005) zugewiesen werden kann, gibt es auch Geschichten, die mehrere Story-Plots enthalten. So handelt beispielsweise der Film *Cast Away – Verschollen* von einem Schiffbrüchigen, der es zu guter Letzt wieder schafft, von seiner Insel zu entkommen und nach Hause zurückzukehren. Dies entspricht eigentlich dem Story-Plot „Die Reise mit Wiederkehr". Der größte Teil des Films beschäftigt sich aber damit, wie der Hauptdarsteller mit den widrigen Umständen der Gefangenschaft auf der Insel zurechtkommen muss, sodass der Story-Plot „Das Monster bezwingen" mindestens ebenso treffend ist.

Während der Story-Plot das Ziel der Geschichte angibt, ist das Story-Setting für deren Umsetzung verantwortlich. Es bestimmt Ort und Handlung im Detail. Wie bereits beschrieben, kann „Die Reise mit Wiederkehr" sowohl als eine Reise um die Welt als auch eine Reise zum Mond und zurück – oder gar eine Reise in die Zukunft oder Vergangenheit – sein. Das Story-Setting gibt also Antwort auf die Fragen: „Wie wird der Story-Plot umgesetzt?" und „Welche Orte, Handlungen und Personen sind darin eingebunden?" Die Grenzen, eine Geschichte mit einem vorgegebenen Ziel umzusetzen, werden dabei nur durch die eigene Fantasie gesetzt.

In die Geschichte, bestehend aus Story-Plot und Story-Setting, müssen zuletzt noch die Wissens- und Entscheidungskomponenten, die in Kap. 2 beschrieben werden, integriert werden. Dabei bestehen für den Gamebook-Ersteller grundsätzlich zwei unterschiedliche Vorgehensweisen, was das Story-Setting und die Wahl der dazugehörigenden Geschichte anbelangt:

1. Schreiben der Geschichte im Umfeld des zu vermittelnden Wissens

   Das Anfertigen der Geschichte erfolgt im Umfeld des zu vermittelnden Wissens. Auf diese Weise kann vor allem Erfahrungswissen in das Gamebook eingebracht und eingeübt werden. Wenn es beispielsweise darum geht, dass man angehenden Pfadfindern beibringen soll, wie man sich im Wald verhält, so kann man eine Geschichte erstellen, die direkt im Wald stattfindet. Die Geschichte enthält dann Herausforderungen und Hindernisse, die man erfolgreich bewältigen muss. Das entspricht dem Story-Plot „Das Monster bezwingen", wobei das Story-Setting das Aufschlagen des Lagers im Wald unter Einbezug der Umgebung und das Überleben einer Gruppe von Pfadfindern über eine bestimmte Zeit vor Ort beinhalten würde.

   Das Einführungsbeispiel „Eisenhower" in Abschn. 1.3 gehört auch in diese Kategorie, der zugrunde liegende Story-Plot entspricht wiederum dem Thema „Das Monster bezwingen", weil es darum geht, sich den Hindernissen des Geschäfts-Alltags zu stellen. Als Story-Setting wurde eine Büroumgebung gewählt, in welcher der Hauptdarsteller gegen die Zeit arbeitet und einen Arbeitstag erfolgreich bewältigen muss.

   Dasselbe gilt zum Beispiel für eine Story, welche in einem Krankenhaus stattfindet und das Thema Intensivstation betrifft. Eine solche Geschichte kann Erfahrungswissen direkt im Umfeld eines Krankenhauses vermitteln, der Gamebook-Spieler ist dann beispielswiese in eine Handlung eingebunden, welche die Betreuung eines Intensiv-Patienten betrifft. Überlebt der Patient, hat der Spieler gewonnen, stirbt der Patient, so hat er verloren. Die Geschichte findet also unmittelbar im Umfeld des zu vermittelnden Wissens statt.

   Diese Form der Geschichtsentwicklung ist relativ einfach und erfolgt mehr oder weniger intuitiv. Ein Experte zu einem Fachthema kann hier Situationen einbringen, welche handlungsorientiert erfahren werden sollen. Je erfahrener eine Fachperson ist, desto mehr Situationen fallen ihr dazu ein – welche in einem Gamebook umgesetzt werden können. Wenn Gamebooks als Leistungsausweis für Studierende, zum Beispiel in Form von Projektarbeiten, eingesetzt werden, ist diese Form sicher die maßgebende der Geschichtenerzählung. Das zu vermittelnde Wissen wird unmittelbar in dem Umfeld eingebettet, wo dieses Wissen auch angewendet, erlebt und erfahren werden muss.

2. Einfügen des Lerninhalts nach der Erstellung der Story

Die Geschichte wird unabhängig vom Wissen erstellt. Als Erstes sind Story-Plot und Story-Setting zu bestimmen. Erst danach werden Handlungsaktivitäten in die Geschichte eingebracht, welche das zu vermittelnde Wissen betreffen. Diese Form der Entwicklung erlaubt es, dass Geschichte und die Wissenskomponenten unabhängig voneinander entwickelt werden.

In Abschn. 4.2 wird ein ausführliches Beispiel dazu aufgezeigt *(In 150 Tagen zur Master-Thesis)*. Beim Story-Plot handelt es sich um „Die Reise mit Wiederkehr", weil es darum geht, dass der Spieler des Gamebooks in London startet und 150 Tage Zeit hat, um die Welt zu reisen, um dann wieder in London zu erscheinen. Das Story-Setting betrifft eine Reise, welche von Stadt zu Stadt mit unterschiedlichsten Reisemitteln durchgeführt werden muss. Der Spieler, der auch Lerner ist, trifft sich in den Städten jeweils mit einem Experten, der dort vor Ort bestimmte Wissensbestandteile vermittelt, sowie den jeweils nächsten Experten vorschlägt. Auf diese Weise trifft der Lernende in der Geschichte immer wieder auf unterschiedliche Personen, die er besuchen muss und die, abhängig von den Entscheidungen des Spielers, jeweils unterschiedliche Reaktionen zeigen.

Diese Form der Geschichtenentwicklung erlaubt es, eine beliebige Geschichte mit einem beliebigen Wissenskontext zu verbinden. Die Geschichte (Plot und Setting) kann in diesem Szenario demnach unabhängig vom zu vermittelnden Wissen gewählt werden.

2.3.3 Beispiele zum Erstellen eigener Gamebook-Stories

Nachdem Story-Plots und Story-Settings in den vorhergehenden Abschnitten erklärt wurden, sollen in diesem Abschnitt Beispiele für eigene Geschichten dargestellt werden. Diese sollen aufzeigen, welche Möglichkeiten für eigene Storys bestehen. Der spezifische Einbezug von Wissensbestandteilen – also die Integration von zu lernendem Wissen – wird gleichermaßen ansatzweise erläutert. Die nachfolgenden Beispiel-Geschichten orientieren sich an den sieben universellen Story-Plots nach Booker (2005). Der zu vermittelnde Wissensbereich kann in allen Geschichten beliebig gewählt werden. Es spielt keine Rolle, ob es sich dabei um Mathematik, Deutsch, Qualitätssicherung, Produktionsprinzipien, Programmiersprachen, Finanzierungskonzepte oder Astronomie handelt.

1. Beispielgeschichten für den Story-Plot „Das Monster bezwingen" (Overcoming the Monster):
   Dieses Szenario beschäftigt sich mit Hindernissen, die im Gamebook erfolgreich bewältigt werden sollen.
   – Das Lagerfeuer am Fuße des Vulkans: Eine Gruppe von Menschen macht Ferien in einem abgelegenen Gebiet auf einer Vulkaninsel. Sie haben dazu ein Zelt und eine Feuerstelle aufgebaut, bei welcher man sich gemeinsam jeden Abend trifft. Die Leute, die sich dort treffen, erzählen sich Geschichten zu einem spezifischen Thema (Wissensgebiet). Dazu wird rege diskutiert. Es handelt von Fragen (Herausforderungen), die die Anwesenden haben, und Lösungen, die sie diskutieren und entwickeln. Während des Tages versuchen die Teilnehmenden über verschiedene Wege, Lösungen zu den Fragen am Lagerfeuer zu finden. Ihre Antworten werden sie abends am Lagerfeuer einbringen können. Der Hauptdarsteller im Gamebook kümmert sich um die Fragen und deren Antworten und lernt dabei alles, was an Wissen in diesem Gebiet vermittelt werden soll. Dabei passieren allerhand andere Dinge, welche die Geschichte spannend machen – und ebenso werden Hindernisse dargestellt, welche es zu bewältigen gibt. Zum Beispiel entsteht eine plötzliche Nahrungsmittelknappheit, der Besuch von Bären, ein aufkommender Sturm, eine Mückenplage oder die Gefahr eines Vulkanausbruches.
   – Der dominante Stammtisch: Diese Geschichte handelt von einem Studenten, der sich tagsüber in seinem Zimmer aufhält, um zu lernen, und jeweils abends immer denselben Stammtisch in einer bestimmten Kneipe aufsucht. Dort möchte er sein Wissen zum Besten geben, doch immer wieder wird er regelrecht auseinandergenommen. Die Stammtischbrüder machen sich ein Spiel daraus, den Studenten bloßzustellen. Doch dieser gibt nicht auf, es spornt ihn an, mehr zu lernen und die Dinge besser zu verstehen. Eines Tages hat er es geschafft, keiner der Stammtischbrüder kann nun sein Wissen überbieten. Diese Story lebt auch davon, dass der Student viele ungewöhnliche Wege in Kauf nimmt, um sein Wissen anzureichern. So schafft er es beispielsweise, Nachhilfeunterricht von einem Nobelpreisträger zu erhalten oder mit dem Computersystem Watson zu trainieren.
2. Beispiel-Geschichten für „Die Reise mit Wiederkehr" (Voyage & Return)
   Dieses Szenario handelt jeweils von einer Reise, von der man wieder zurückkehren muss, um erfolgreich zu sein.
   – Die Höhle des Wissens: Diese Geschichte handelt von einem Forscher, der in einem Höhlensystem alte Überlieferungen erforscht. Es handelt sich um uraltes Wissen, welches nun neu entdeckt wird. Dieses Wissen interessiert

den Forcher brennend, so steigt er in das Höhlensystem hinab. Leider gibt es keinen Weg zurück, er kann die Höhle nur im Vorwärtsgang beschreiten. Der Forscher ist stark an dem Wissen interessiert, das er vorfindet. Aber er muss sich auch an einen Zeitplan halten, um die Höhle wieder rechtzeitig zu verlassen, da diese in der kommenden Regenzeit überschwemmt und somit vollständig geflutet wird. Der Forscher verweilt an den einzelnen Standorten der Höhle solange, bis er das vorgefundene Wissen verstanden hat. Für ihn beginnt nun ein Kampf gegen die Zeit, er will nichts auslassen und muss trotzdem so schnell vorwärtskommen, dass er vor Regenbeginn die Höhle verlassen hat.

– Die Reise zum Mars und zurück: Diese Geschichte handelt vom Abenteuer einer Marsmission. Ein Raumschiff soll eine Besatzung zum Mars und wieder zurück zur Erde bringen. Jedes Mitglied der Besatzung hat ein eigenes Beschäftigungsprogramm, um die Langeweile des langen Fluges sinnvoll zu überstehen. Das Beschäftigungsprogramm von Pia sieht vor, dass sie weiterhin als Lehrerin tätig bleibt. Sie lehrt ihre Schüler vom Raumschiff aus. So findet laufend ein Wissensaustausch mit ihren Schülern statt und wenn widrige Umstände im Flug das Lehren verhindern, findet Pia immer einen Weg, ihren Schülern das zu vermittelnde Wissen beizubringen. Ihre Methoden der Wissensvermittlung sind einzigartig und so erfahren auch ihre Schüler einen anderen gangbaren Weg, sich das notwendige Wissen anzueignen. Als Pia plötzlich in Lebensgefahr ist, finden ihre Schüler einen Weg, ihr zu helfen. Dank dieser Hilfe schafft es auch die Besatzung der Marsmission wieder erfolgreich zurück zur Erde.

3. Beispielgeschichten für den Story-Plot „Die Suche" (The Quest)
Dieses Szenario beschäftigt sich mit der Suche von etwas. Erfolgreich ist, wer das Gesuchte finden kann.

– Gefangen im Rätsel-Labyrinth: Diese Geschichte handelt von einem großen Schloss, in dessen Innern sich ein Labyrinthsystem befindet. Es ist normalerweise öffentlich zugänglich, doch momentan wegen dem Bau einer neuen Zugangsstraße geschlossen. Trotzdem traut sich ein Junge ganz alleine hinein, um es zu erkunden. Leider verirrt er sich und macht sich nun daran, den Ausgang zu suchen. Es gibt viele Gänge, Räume und Türen, die sich öffnen lassen, wenn man ein bestimmtes Rätsel lösen kann. Der Junge macht sich daran, das System zu erkunden und die Rätsel zu lösen. Zum Glück gibt es einen Raum, dessen Weg er kennt und der eine große Bibliothek besitzt. In der Bibliothek ist sämtliches Wissen vorhanden, das man benötigt, um die Rätsel zu lösen. Er merkt bald, dass er auch schwierige Rätsel lösen muss, um weiterzukommen. So kommt er nicht hinweg, sich dieses Wissen anzueignen. In dieser Geschichte muss ein Ausgang gesucht werden, dabei existieren viele mögliche Wege, diesen zu finden. Erfolgreich ist, wer am Schluss am Ausgang steht.

– Die Schatzinsel der Familie X: In dieser Geschichte erbt eine Familie eine Insel. Der Erblasser war ein erfolgreicher Ingenieur und hinterlässt ein Manuskript, in welchem er erwähnt, dass ein wertvoller Schatz auf der Insel versteckt ist. Da ihm das Ingenieurwesen sehr wichtig war, wollte er nicht nur die Insel und den Schatz hinterlassen, sondern auch sicherstellen, dass sein spezifisches Ingenieur-Wissen nicht verloren geht und in der Familie bleibt. Er hat dazu sein Wissen in Aufgabenstellungen verpackt, die es zu lösen gilt. Die Aufgabenstellungen sind auf der ganzen Insel verstreut, sodass man diese dort erst entdecken muss. Jede gelöste Aufgabe ist Teil eines Lösungswortes. Wer das Lösungswort kennt, kann damit eine Website im Internet aufrufen, wo genau erklärt ist, wo sich der Schatz befindet. Im Testament steht aber auch, dass nur Familienmitglieder die Insel betreten dürfen. Und so macht sich die Familie auf, das Lösungswort zu suchen und den Schatz zu finden. In dieser Geschichte kann das erwähnte Ingenieurwesen auch durch etwas anderes ersetzt werden, sodass die Geschichte sich für jedes Wissensgebiet einsetzen lässt.

4. Beispiel-Geschichten für eine Komödie (Comedy)
Dieses Szenario beschäftigt sich mit verwirrenden Konflikten, die ein glückliches Ende finden. Erfolgreich ist, wer das Ende mit einem Triumph abschließen kann.

– Nachts im Museum: Diese Geschichte handelt von einem Museum, welches in Sachen Aufbereitung des aktuellen Wissens in seinem Wissensgebiet zwar berühmt, aber nicht mehr zeitgemäß ist. Die Besucherzahlen nehmen laufend ab und es steht die Schließung bevor. Der Nachtwächter möchte aber seinen Job behalten und beginnt, die Ausstellung nachts in kleinen Dingen zu verändern. So befindet sich am nächsten Tag im Bereich Erdkunde ein Modell der Erde, welches erklärt, dass diese eine Scheibe sei. Im Bereich Mathematik wird plötzlich erklärt, dass 1 + 1 auch 3 ergeben kann. Bald kommt es an die Öffentlichkeit und der Medienrummel nimmt zu. Der erboste Museums-Direktor stellt einen Spezialisten an, der die Fehler suchen und sofort eliminieren soll. Mit einem Schlag ist das Museum ein Publikumsmagnet, die Besucher kommen in Scharen und machen sich ein Vergnügen daraus, die Fehler noch vor dem Spezialisten zu entdecken. Eines Nachts wird der Nachtwächter entdeckt, als er gerade die Ausstellung verändert. Das Museum ist aber mittlerweile so beliebt, dass der Direktor den Nachtwächter nicht entlässt, sondern befördert. Sein Veränderungskonzept wird weitergeführt und das Museum ist gerettet. Die Wissensgebiete Erdkunde und Mathematik können in dieser Geschichte auf das zu vermittelnde Wissen abgestimmt werden.

- Der clevere Fabrikant: Diese Geschichte handelt von einem Gärtner, der seinen Job wechseln möchte. Er will die drei Jahre bis zu seiner Pension nicht mehr als Gärtner verbringen. Über mysteriöse Umstände schafft er es dann, sich als Geschäftsleiter einer Fabrik anstellen zu lassen. Er merkt zwar, dass ihm das nötige Wissen fehlt, findet aber eine clevere Lösung, um den Alltag zu bewältigen. Er benutzt eine Internetplattform, wo er seine Problemstellungen als Aufträge anbietet. Die meisten seiner Probleme werden von spezialisierten Dienstleistungszentren in Indien abgehandelt. Durch die Zeitverschiebung werden die Problemstellungen des Gärtners über Nacht gelöst und stehen ihm am nächsten Tag zur Verfügung. Der Gärtner muss alles Mögliche anstellen, um nicht aufzufallen. So ergeben sich viele lustige Situationen, die er auf seine Art meistern muss. Er schafft es schlussendlich, nichts auffliegen zu lassen, und wird mit 65 Jahren erfolgreich pensioniert.

5. Beispiel-Geschichte für eine Tragödie (Tragedy)
Dieses Szenario handelt vom Werdegang einer Person, die tragisch endet. Die Geschichte findet also dann ihr erfolgreiches Ende, wenn die betroffene Person nicht gerettet wird und somit tragisch untergeht.

- Untergang eines Genies: Grundlage für diese Beispiel-Geschichte liefert die Person von Nobelpreiskandidat Stephen Hawking, der an einer unheilbaren Krankheit leidet und trotzdem die Forschung in seinem Wissensgebiet vorwärts treibt. Es wird aber von Tag zu Tag schwieriger, spricht und schreibt er anfänglich noch; kann er sich im Laufe der Zeit jedoch nur noch über einen Sprachcomputer verständigen, den er alleine durch Bewegungen seines Wangenmuskels und seiner Augen steuert. Trotzdem schafft er es laufend, sein Wissen weiterzugeben, sein Ende ist jedoch schon voraussehbar. Name und Wissensgebiet in dieser Geschichte lassen sich ändern, sodass sich damit ein Gamebook einer Tragödie in einem beliebigen Wissensgebiet verwirklichen lässt.

6. Beispiel-Geschichte für eine Wiedergeburt oder Erneuerung (Rebirth)
Dieses Szenario handelt vom Werdegang einer Person, die einen Neuanfang erlebt. Die Geschichte endet erfolgreich, wenn die betroffene Person den Wandel vollzogen hat.

- Vom Chefarzt zum Lkw-Fahrer: Auch diese Geschichte stellt eine wahre Begebenheit dar. Mit 57 Jahren hängt der erfolgreiche Herzchirurg Markus Studer seinen Chefarzt-Kittel an den Nagel, um Lkw-Fahrer zu werden.

Für ihn war klar, dass das Leben als Arzt nicht alles gewesen sein konnte. Vieles kam zu dabei zu kurz, wie zum Beispiel das Reisen. Also macht er sich daran, die Lastwagenprüfung zu meistern, und gründet daraufhin sein eigenes Transportunternehmen. Dann fährt er mit seinem Lastwagen Touren durch halb Europa. Um das restliche Europa bereisen zu können, macht Studer einen weiteren Schritt: er wird Fahrer eines Reisebusunternehmens. Dabei unternimmt er Reisen durch das restliche Europa bis hin zum Nordkap. Auch hier können Name und Wissensgebiet dieser Geschichte beliebig verändert werden, sodass sich damit ein Gamebook einer Wiedergeburt herstellen lässt, welches in einem beliebigen Wissensgebiet stattfindet.

7. Beispiel-Geschichte für einen Aufstieg (Rags to Riches)
Dieses Szenario handelt vom Werdegang einer Person, die zunächst alles verliert und später auf einer höheren Stufe alles wiedergewinnt. Die Geschichte endet, wenn die betroffene Person den Aufstieg erfolgreich vollzogen hat.

– Der Aktivist: Hintergrund dieser Geschichte ist der Fall und Wiederaufstieg von Nelson Mandela. Der südafrikanische Freiheitskämpfer setzte sich für politische, wirtschaftliche und soziale Gerechtigkeit ein. Wegen Aufruhr der Bevölkerung wurde Mandela zu lebenslänglicher Haft verurteilt. Dort erweitert er sein Wissen, belegt Fernkurse und erreicht damit den Bachelor of Law an der London University. Nach 27 Jahren Gefängnis-Haft wurde er entlassen und stieg anschließend zum Präsidenten von Südafrika auf. Auch hier können Name und Wissensgebiet dieser Geschichte beliebig verändert werden, sodass sich damit ein Gamebook eines Aufstiegs herstellen lässt, welches in einem beliebigen Wissensgebiet stattfindet.

Es zeigt sich, dass sich die ersten vier beschriebenen Story-Plots „Das Monster bezwingen (Overcoming the Monster)", „Die Reise mit Wiederkehr (Voyage and Return)", „Die Suche (The Quest)" und „Komödie (Comedy)" besonders gut eignen, um diese in Gamebooks zu verwenden. Dies liegt daran, dass die Orte der Handlung und deren Umsetzung beim Story-Setting frei gewählt werden. Die Rolle des Hauptdarstellers ergibt sich mehr oder weniger automatisch aus der Fragestellung „Was muss dieser tun, um das gewählte Ziel zu erreichen?" So muss dieser entsprechend reisen, suchen, kämpfen, diskutieren oder anderweitige spezifische Probleme und Situationen bewältigen, um am Ende erfolgreich dazustehen.

Die übrigen drei Story-Plots „Tragödie (Tragedy)", „Wiedergeburt oder Erneuerung (Rebirth)" und „Der Aufstieg (Rags to Riches)" sind stark personenbezogen. Hier bietet es sich an, das Story-Setting nicht mit dem Ort der Handlung, sondern mit dem Erlebnis der Person zu beginnen. Die Fragestellung lautet dann „Was soll die betroffene Person erleben, damit es eine Tragödie, eine Wiedergeburt oder ein Aufstieg ist?" Daraus ergeben sich dann Ort und Handlung für den Story-Plot. Oft hilft auch der Bezug zu einer wirklichen oder fiktiven Person aus der Weltgeschichte oder aus dem Genre von Literatur und Film, wie es die vorhergehenden Beispiel-Geschichten zeigen.

Zudem bleibt festzuhalten, dass die Ideen zur Entwicklung eigener Geschichten immer auch aus bestehenden Geschichten genommen werden können. So sind beispielsweise die Geschichten von Jules Verne hervorragende Ideenlieferanten für jegliche Art von Abenteuer-Geschichten.

2.4 Komponente 3: Spiel und spielerische Herausforderungen

Abschn. 2.4.1 zeigt auf, inwieweit es sich beim digitalen Gamebook um ein Spiel im eigentlichen Sinne handelt. In Abschn. 2.4.2 wird das Spiel- und Feedbacksystem eines digitalen Gamebooks erläutert. Es wird aufgezeigt, inwieweit das Spielziel spannend umgesetzt und die Spielressourcen wie Geld oder Zeit eingesetzt werden können. Abschn. 2.4.3 behandelt vier Beispiele, die zeigen, wie spielerische Herausforderungen erzeugt werden können.

2.4.1 Digitales Gamebook als Spiel

Bei dem *Spiel* handelt es sich um einen weit gefassten Begriff. Als Spiel wird jede Tätigkeit angesehen, die ausschließlich aus Vergnügen an der Tätigkeit und ohne bewussten Zweck ausgeübt wird (Kramer 2001). Dabei handelt es sich um eine allgemeine gängige Definition, die ursprünglich auf die Ausführungen von Huizinga (1938, 2006) und Jünger (1959) zurückgehen.

Die wohl am häufigsten zitierte Definition von Huizinga stammt aus dem Buch *Homo Ludens* (Huizinga 2006, S. 37). Ein Spiel liegt dann vor, wenn

- eine freiwillige Handlung oder Beschäftigung
- innerhalb gewisser festgesetzter Grenzen von Zeit und Raum,
- aber unter unbedingt bindenden Regeln verrichtet wird,
- ihr Ziel in sich selber hat und
- begleitet wird von einem Gefühl der Spannung und Freude und
- einem Bewusstsein des Anderssein als das gewöhnliche Leben.

Daraus ergeben sich die folgenden Eigenschaften, die ein Spiel kennzeichnen:

- **Freiwilligkeit:** Wer sich zum Spielen entschließt, trifft diese Entscheidung freiwillig, d. h. er bindet sich ohne Aufforderung, Druck oder Zwang an die Spielregeln, die vorgegeben sind.
- **Aktivität:** Im Spiel steht das aktive Handeln im Mittelpunkt. Der Spieler greift direkt in das Geschehen ein, indem er versucht, eine bestimmte Wirkung zu erzielen und das Spiel dadurch zu beeinflussen. Im Übrigen liegt dem Spiel die Absicht des Handelns zugrunde. Während des Spiels ist der Spieler gleichzeitig sowohl Ausführender als auch Betroffener.
- **Räumliche und zeitliche Begrenzung:** Ein Spiel ist zeitlich und räumlich begrenzt. Die zeitliche Begrenzung ergibt sich dadurch, dass das Spiel einen Spielanfang und ein Spielende hat, die beide klar definiert sind. Eine räumliche Begrenzung liegt dadurch vor, dass der Spielort eindeutig festgelegt ist.
- **Spielregel(n):** Jedes Spiel verfügt über eigene Spielregeln und somit über einen planmäßigen Verfahrensablauf. Dies ist in Abgrenzung zu sehen zum umgangssprachlichen „Spielen" bestimmter Sachen, wie z. B. ein Musikinstrument zu spielen oder mit einem Stein zu spielen.
- **Spielziel:** Das Spielziel gehört normalerweise zu den Spielregeln. Das Spielziel enthält meist die Siegbedingung, nach der die Spieler streben. Spielziele können vielfältig sein – wie z. B. das Erzielen der meisten Punkte oder des nächsten Levels. Im Gegensatz zu der Anzahl unterschiedlicher Spiele, von denen es unzählig viele gibt, ist die Anzahl an Spielzielen naturgemäß sehr gering. Der Grund dafür liegt vor allem darin, dass das Spielziel messbar sein muss – und in der Regel sogar relativ leicht messbar.
- **Gefühl der Spannung und Freude:** Jedes Spiel stellt einen Wettbewerb dar. Die Spieler messen sich untereinander. Es gibt Sieger und Verlierer. Dies kommt dadurch zustande, dass Spielen ein gemeinsames Erleben darstellt und ein Vergleichen untereinander stattfindet. Sogar bei Einzelspielen findet ein Vergleich mit anderen Spielern statt, indem beispielsweise erreichte Spielstände ausgetauscht werden. So ist selbst dort ein gemeinsames Erleben gegeben. Durch Wettbewerb und Gemeinsamkeit wird ein Gefühl der Spannung und Freude erzeugt.
- **Vom „gewöhnlichen" Leben abweichendes Bewusstsein:** Durch die zeitliche und räumliche Begrenzung stellt jedes Spiel seine eigene abgeschlossene Welt dar. Alles, was dort passiert und geschieht, erfolgt nur im Spiel und in der Spielwelt. Wer spielt, verlässt für eine begrenzte Zeit das sogenannte Alltagsleben und taucht in eine Spielwelt ein.

Darüber hinausgehend zählt für Huizinga (2006, S. 19) zu den Elementen des Spiels alles das, was die Spielqualität in Bezug auf die Ordnung und Spannung ausmacht: Ungewissheit, Chance, Gleichgewicht, Auswägen, Ablösung, Kontrast. Diese Elemente entstehen durch das Spielhandeln und die Spielzüge.

Die Aussagen von Huizinga stammen aus einer Zeit, in der es keine Computerspiele gab. Wenn man die Aussagen von Jane McGonical, die Computerspiele entwickelt, heranzieht, liegen allen Spielen die folgenden vier Kernelemente zugrunde (McGonical 2012):

- **Ziel:** Das Spielziel vermittelt dem Spieler einen Sinn und verlangt seine volle Aufmerksamkeit, um erfolgreich zu sein. Es stellt das greifbare Ergebnis dar, nach dem der Spieler strebt.
- **Regeln:** Die Regeln schränken den Spieler in seinen Spielmöglichkeiten ein. Sie hindern und begrenzen den Spieler, das Ziel zu erreichen. Damit einhergehend spornen sie diesen bei der Lösungssuche an. Er wird angehalten, sowohl strategisch als auch kreativ zu denken.
- **Feedbacksystem:** Das Feedbacksystem informiert den Spieler ständig über die Auswirkungen seiner Handlungsaktivitäten und zeigt diesem an, wie nahe er am Ziel ist. Durch Anzeige von Spielfortschritt, Punkten, Levels und Rangfolge liefert das Feedbacksystem auch die Motivation, weiter zu spielen und das Ziel zu erreichen.
- **Freiwillige Teilnahme:** Das Prinzip der freiwilligen Teilnahme schafft die Basis, am Spiel teilzunehmen oder dieses zu verlassen. Es gibt dem Spieler die Freiheit, sich anzustrengen und schwierige Aufgaben als angenehm und lohnenswert zu empfinden. Man spielt nicht, weil man es muss, sondern weil man es selber will.

Suits (2005) beschreibt Spielen folgendermaßen: „Ein Spiel spielen bedeutet, aus freien Stücken zu versuchen, unnötige Hindernisse zu überwinden." Besonders motivierend wird ein Spiel, wenn sich zwischen dem Grad der Herausforderung und dem Können des Spielers ein Gleichgewicht einstellt. Dieser Zustand, der auch als Flow-Zustand bezeichnet wird (Csíkszentmihályi 2000), löst beim Spieler ein Glücksgefühl aus.

Digitale Gamebooks zählen zu den Spielen – sowohl im klassischen Sinne (Huizinga 1938) als auch nach der Definition in Zeiten der Computerspiele und des Gaming (McGonical 2012). Dies liegt daran, dass die Geschichte der Gamebooks interaktiv verläuft und Handlungen ständig gefordert werden. Es wird ein Spielziel verfolgt und die Spieler werden in ihren Handlungen eingeschränkt. Dadurch werden sie gezwungen, sich ständig neuen Herausforderungen zu stellen,

auf die sie wiederum Feedback erhalten. Ebenso kann eine Freiwilligkeit eingerichtet werden. Der Spieler, der zugleich Leser ist, kann das Wissen auch auf dem
herkömmlichen Weg erwerben. Das Kriterium der Freiwilligkeit kann dadurch
sichergestellt werden, dass der Lerninhalt zusätzlich als Skript oder Buch bereit-
gestellt wird. Ebenso können digitale Gamebooks sowohl als Einzel- als auch als
Gruppenspiel verwendet werden.

2.4.2   Spiel- und Feedbacksystem

Der Auffassung von McGonical (2012) nach wird unter einem Feedbacksystem ein Belohnungssystem verstanden. Feedback ist mit Belohnung gleichzu-
setzen, wobei die Belohnung auch in Form einer neuen Handlungsmöglichkeit
erscheinen kann, wie zum Beispiel einer Tür, die sich öffnet, oder einer neuen
Erkenntnis, die sich aufgrund eines Hinweises ergibt. Die Verwendung des hier
verwendeten Feedbackbegriffs ist in Abgrenzung zum Feedback zu sehen, das die
Lernenden für den Lerninhalt erhalten und das während des Lernprozesses entsteht.

Belohnung bedeutet, im Spielverlauf etwas Erstrebenswertes zu erhalten. Dies
können Ressourcen sein, die man sammeln oder managen muss, um sie im weiteren Spielverlauf hilfreich einzusetzen. Geld, Zeit, Werkzeuge, Prämien oder
Auszeichnungen, die das Ansehen erhöhen, stellen Beispiele für Ressourcen dar.
Auch Punkte eignen sich, um den Status auf einer Rangliste anzuzeigen, oder
als Bedingung, um ein weiteres Schwierigkeitslevel angehen zu können. Je nach
Spielverlauf kann eine Belohnung auch bestrafend auftreten, man verliert dann
beispielsweise Lebensenergie, ein Werkzeug geht kaputt oder eine geöffnete Tür
schließt sich vor einem.

Das Belohnungssystem des Spiels muss natürlich nicht erst am Ende des
Spiels wirksam werden. Idealerweise wird es während des Spieles bereits laufend
eingesetzt. Es gibt dem Spieler ein Feedback über seine Leistungen, motiviert
diesen zum Weiterspielen und schafft einen Vergleich zu eventuellen Mitspielern.

Das Spiel- und Feedbacksystem eines digitalen Gamebooks funktioniert nach
dem folgenden Schema: Der Spieler eines digitalen Gamebooks macht seine
Spielzüge, indem er einen ihm vom Spiel angebotenen Teil der Geschichte liest
und sich dann für ein von mehreren im Spiel angebotenen Weiterführungsange-
boten entscheidet. Das Gamebook reagiert darauf mit einer spezifischen Wei-
terführung der Geschichte. Spezifisch ist die Handlung deshalb, weil die Wahl
des Spielers darüber entscheidet, wie die Geschichte weitergeht. Dies wirkt sich
unmittelbar auf den Belohnungsstand und die im Belohnungssystem enthaltenen

Werte aus, sodass der Spieler seinen Geldbetrag beispielsweise erhöht oder verringert, er also belohnt oder bestraft wird.

Eine weitere Feedbackmöglichkeit des Gamebooks kann z. B. die Aufforderung sein, dass der Spieler einen Zahlencode eingibt, den der Spieler bei der Lösung einer bestimmten Aufgabe vorher erhalten hat, oder der in Kollaboration mit anderen Spielern erarbeitet wurde. Damit kann das Gamebook den Spieler auch dazu drängen, eine bestimmte Aufgabe erfolgreich abzuschließen, oder ihn dazu motivieren, unter Erhalt einer Belohnung Zusatzschritte durchzuführen.

Neben der Vermittlung von Wissen soll das Gamebook den Spieler dazu motivieren weiterzuspielen. Dies geschieht durch eine spannende Story und herausfordernde spielerische Aspekte. Die spielerischen Herausforderungen eines Gamebook sollen den Spieler neugierig machen, etwas zu entdecken, etwas Neues zu erfahren oder ihm eine Bestätigung zu geben, etwas erreichen zu können und erfolgreich zu sein.

Wie in Abschn. 2.3.2 beschrieben, wird das Spielziel bei digitalen Gamebooks durch den Story-Plot bestimmt. Beispielsweise endet das Spiel beim Story-Plot „Die Reise mit Wiederkehr", wenn der Hauptdarsteller erfolgreich zurückgekehrt ist. Beim Story-Plot „Die Suche" ist das Ziel erreicht, wenn das Gesuchte gefunden und in Sicherheit gebracht worden ist. Am Schluss erhält der Spieler als Belohnung ein Lob oder eine Auszeichnung.

Tab. 2.9 zeigt einige Vorschläge, welche Ressourcen für den jeweiligen Story-Plot (vgl. Abschn. 2.3) eingesetzt werden können. Am häufigsten werden Zeit und Geld als Spielressource verwendet, um eine Rangliste zu erstellen. Zum Beispiel ist derjenige Sieger, der am schnellsten das Ziel erreicht hat oder, bei etwaigem Gleichstand, mehr Geld auf dem Konto angesammelt hat.

Wenn es sich beispielsweise um ein Wettrennen handelt, so ist derjenige am Besten, der im Gamebook am schnellsten am Ziel war. Dabei zählt nicht etwa die wirkliche Zeit in der Realität, sondern die Zeit, welche das Gamebook als Ressource handhabt. Wer viele Zusatzschleifen im Gamebook bewältigen muss, verbraucht mehr von der virtuellen Gamebook-Zeit als derjenige, der immer auf dem besten Weg vorwärts kommt.

In einem digitalen Gamebook können solche spielerischen Herausforderungen auf folgende Art erzeugt werden:

- **Zufall:** Dies ist beispielsweise beim Roulette oder Lotto-Spiel der Fall. Der Spieler erhält Chancen, die dem Zufall unterworfen sind. Er geht dabei aber auch Risiken ein. Der Spieler handelt intuitiv und versucht sein Glück, indem er die Möglichkeiten ausprobiert. Er selbst kann über Art und Höhe des Einsatzes entscheiden.

Tab. 2.9 Spielressourcen, Einsatzhinweis(e), Siegkriterium in Abhängigkeit vom Story-Plot. (Quelle: Eigene Darstellung)

Story-Plot	Spielressourcen	Einsatzhinweis(e)	Siegkriterium
Das Monster bezwingen (Overcoming the Monster)	Zeit, Geld, Leistungspunkte	Leistungen in Form von Punkten, die gesammelt werden	Höchste Punktzahl
Die Reise mit Wiederkehr (Voyage and Return)	Zeit, Geld, Checkpoints	Im Spiel kann Geld als Hilfsmittel eingesetzt werden. Geld kann auch auf Kosten von Zeit erarbeitet werden – sowie umgekehrt	Höchste Punktanzahl unter Einhaltung der Zeit oder kürzeste Zeit bei Erreichung einer bestimmten Punktzahl
Die Suche (The Quest)	Zeit, Geld, Objekte, Gebiete	Objekte oder Gebiete müssen nicht als Ganzes, sondern können als Teile während des Spiels gesammelt werden	Kürzeste Zeit zum Finden/Erlangen/ Erobern der gesamten Teile
Komödie (Comedy)	Zeit, Geld, Prämien	Leistungen in Form von Prämienstufen, die laufend erhöht werden	Höchste Prämienstufe
Tragödie (Tragedy)	Zeit, Geld, Auszeichnungen	Auszeichnungen, zum Beispiel Anzahl von Sternen, die man sammeln muss	Höchste Anzahl an Auszeichnungen
Der Aufstieg (Rags to Riches)	Zeit, Geld, Status	Leistungen beim Aufstieg in Form von Levels, die laufend erhöht werden	Höchster Status, meistes Geld
Wiedergeburt oder Erneuerung (Rebirth)	Zeit, Geld, Lebenspunkte	Leistungen in Form von Lebenspunkten	Höchste Anzahl an Lebenspunkten

- **Kombinatorische Vielfalt:** Als dazugehöriges Beispiel dient Schach. Diese Variante räumt dem Spieler die Möglichkeit ein, innerhalb eines genau vorgegebenen Rahmens zu agieren. Der Spieler handelt strategisch und entscheidet sich unter den möglichen Varianten für diejenige, welche seinem Plan langfristig am besten entspricht.
- **Verdeckte Informationen:** Dazu zählt beispielsweise das Spiel Schere, Stein, Papier oder Schiffe versenken. Der Spieler handelt taktisch. Er muss lediglich die derzeitige Situation einschätzen und abwägen, was genau in diesem Fall am Besten zu tun wäre.

- **Rätsel:** Dazu zählen u. a. Sudoku oder Mahjong. Der Spieler handelt rein logisch durch Nachdenken. Die Entscheidung folgt seinem Ermessen nach der gesuchten Lösung.

Ein unvorhersehbarer Spielverlauf liefert dem Spieler Ungewissheit und erzeugt damit Unterhaltung und Spannung durch Abwechslung mit unterschiedlichen Herausforderungen. In digitalen Gamebooks werden die spielerischen Herausforderungen jeweils in Form einer Auswahlmöglichkeit angeboten, der Spieler muss seinen Spielzug tätigen, indem er sich für eine der Möglichkeiten entscheidet.

In diesem Zusammenhang sind die Aspekte der Kollaboration und des Wettbewerb anzuführen, denen im digitalen Gamebook ein großer Platz eingeräumt wird (vgl. hierzu Abschn. 2.5.3). Während des Gamebook-Spiels ermöglichen Kollaborationsaktivitäten soziale Interaktionen und den Austausch von Wissen. Zudem sind sie eine Hilfe, um vorgegebene Aufgabenstellungen zu lösen. Die einzelnen Spieler haben dafür einen festen Zeitrahmen. Es ist nicht erforderlich, dass sich die Spieler zeitgleich treffen. Das heißt, dass auf Synchron-Meetings verzichtet werden kann, weil die Kollaborationsinhalte in den virtuellen Kollaborationsräumen gespeichert werden und ein Zugriff jederzeit möglich ist.

Eine geeignete Lernform für kollaborative digitale Gamebooks stellen Blended-Learning-Kurse dar, die den überwiegenden Teil der E-Learning-Kurse an Hochschulen ausmachen. Lehrer und Schüler treffen sich dabei in regelmäßigen Abständen zum Präsenzunterricht und bearbeiten dort den Lernstoff, den sie sich im Fernstudium angeeignet haben.

Die Kollaborationsinhalte bieten sich in idealer Form zur Diskussion und Erörterung bei den Präsenztreffen an. Wenn ein Blended-Learning-Kurs über ein Semester geht und die Lernenden sich jeden Monat einen halben Tag treffen, müssen alle Teilnehmer des Kurses den entsprechenden Teil des Gamebooks absolviert haben. Es steht ihnen frei, wann und wo sie das tun.

Digitale Gamebooks können so gestaltet werden, dass diese innerhalb einer Lerngruppe gespielt werden. Damit wird es möglich, einen kompletten Kurs durchzuführen, der beispielsweise als E-Learning-Semesterkurs im Hochschulunterricht sechs Monate in Anspruch nimmt. Im Gamebook gibt es dazu die kollaborativen Bausteine, in welchen der Spieler mit anderen Kursteilnehmern zusammenarbeiten muss. Diese Kollaborationen erfolgen in Kollaborationsräumen, die das Gamebook dem Spieler bereitstellt.

Ein solcher Kollaborationsraum kann zum Beispiel aus einem Textdokument bestehen, auf das alle Gamebook-Spieler via Internet Zugriff haben und welches sie innerhalb einer bestimmten Zeit bearbeiten und auf einen bestimmten Stand bringen müssen.

Auch wenn die Teilnehmer des Spiels kollaborative Aufgaben innerhalb eines Gamebooks bewältigen müssen, sind sie Teil eines Wettbewerbes. Es gibt jeweils eine Rangliste, welche die Teilnehmenden jederzeit einsehen können. Diese entsteht aufgrund der Analyse ihrer Ressourcen. Spielressourcen sind vielfältiger Natur und können Geld, Zeit, Credits, Silberlinge, Goldmünzen, Beitragspunkte, Energie, Wissen, Perlen, Mana und vieles mehr sein.

2.4.3   Beispiele für spielerische Herausforderungen

In diesem Abschnitt werden jeweils Beispiele für jeden der vier Spielelementtypen „zufällig", „strategisch", „taktisch" und „logisch" erläutert:

1. Beispiel einer *zufälligen* Spiel-Herausforderung in einem Gamebook

Du befindest dich auf einem Marktplatz mitten in einem Jahrmarkt. Dort wird dir ein Glückslos mit folgenden Angaben in drei unterschiedlichen Formen angeboten:

- „Nimm das Los zu 500 US$, man kann damit eine Million US$ gewinnen."
- „Nimm das Los zu 50 US$, man kann damit 5000 US$ gewinnen, zu 70 Prozent erhält man einen Gewinn in der Höhe zwischen fünf und 200 US$."
- „Nimm das Los zu 5 US$, man erhält damit ein Los zu 50 US$, zu 500 US$ oder in vielen Fällen auch gar nichts."

Der Spieler muss nun abwägen, welche Chance er wahrnehmen und welches Risiko er eingehen will. Je nachdem, wie sein Spielstand aussieht, ist er auf zusätzliches Geld angewiesen, um weiterzukommen oder auch nicht. Und je nach Spielstand kann er es sich auch leisten, ein größeres Risiko einzugehen.

2. Beispiel einer *strategischen* Spiel-Herausforderung in einem Gamebook

Du bist nun erfolgreich in Calais angekommen und musst nach Dover weiterreisen:

- „Nimm dazu das Flugzeug, es kostet 1.500 US$. Es fliegt in einer Stunde ab und ist 30 Minuten später am Zielort."
- „Nimm den Zug, er kostet 200 US$. Er fährt heute Nachmittag los und ist heute Abend am Zielort."

- „Nimm das Schiff, es fährt heute Abend los und ist morgen früh am Zielort. Du kannst dort in der Kinderbetreuung arbeiten und erhältst dafür 100 US$, die Fahrt kostet dich dann nichts."

Der Spieler überlegt, wie er seine strategischen Ziele am besten verfolgen kann. Muss er schnell sein und hat dazu genug Geld, hat er genug Zeit und benötigt unbedingt Geld oder ist es etwas dazwischen?

3. Beispiel einer *taktischen* Spiel-Herausforderung in einem Gamebook

Du brauchst dringend Bargeld und bist auf dem Schwarzmarkt, um deine Uhr zu verkaufen, als ein fliegender Händler auf dich zukommt. Er unterbreitet dir drei Angebote, aus denen du eines auswählen musst, um weiter zu gelangen:

- Er fordert dich auf, ihm deine Uhr mitzugeben und ihn in zwei Stunden am selben Ort wieder zu treffen. Dort will er dir das Geld überreichen, das er dafür erhalten hat. Er rechnet mit 400 US$ abzüglich 15 % für den Verkauf. Sein Kollege wird in der Zwischenzeit bei dir bleiben. Du gehst darauf ein.
- Er fordert dich auf, mit ihm zu kommen, da man hier auf der Straße entdeckt werden könnte. Er schätzt die Uhr auf 500 US$. Du lehnst ab und ziehst von dannen.
- Er bietet dir 200 US$ dafür an. Du machst den Tausch.

Der Spieler muss nun taktisch handeln. Er muss abschätzen, wie viel Vertrauen er dem fliegenden Händler entgegenbringen will und welchen Preis er für die Uhr erhalten könnte.

4. Beispiel einer *logischen* Spiel-Herausforderung in einem Gamebook

Du bist in einem Labyrinth gefangen und siehst ein großes Schild und dahinter drei Türen. Du merkst bald, dass nur eine der Türen die richtige sein kann. Diese musst du passieren, um weiterzukommen.

Auf dem Schild steht Folgendes geschrieben:

- $56.784 = 4$
- $11.111 = 0$
- $72.348 = 3$
- $88.652 = 5$

Auf den drei Türen dahinter steht ebenfalls jeweils etwas angeschrieben und zwar Folgendes:

- Tür 1: 62.257 = 1, du nimmst diese Tür.
- Tür 2: 62.257 = 5, du nimmst diese Tür.
- Tür 3: 62.257 = 3, du nimmst diese Tür.

Der Spieler muss nun logisch handeln und das Rätsel lösen, sonst kommt er nicht voran. Er findet heraus, dass das Ergebnis der Ziffernfolgen mit den Ziffern zusammenhängt. So verfügt die „8" beispielsweise über zwei umrandete Bereiche, wohingegen die „1" keinen umrandeten Bereich besitzt. Die Ziffernfolge „56.784" besitzt also vier umrandete Bereiche – einer von „6", zwei von „8" und einen von „4" und kommt deshalb zu dem Ergebnis „4". Es zeigt sich, dass von den drei Türen lediglich Tür 1 stimmt und den Spieler weiterbringt.

2.5   Komponente 4: Digitalisierung des kollaborativen Gamebooks

Zur Digitalisierung des kollaborativen Gamebooks bedarf es einer Gamebook-Software-Umgebung, eines browserfähigen Endgeräts und der digitalen Umsetzung der kollaborativen Elemente. In diesem Abschnitt werden verschiedene Umsetzungsmöglichkeiten der einzelnen Elemente erläutert.

2.5.1   Digitalisierung von Gamebooks

Ein digitales Gamebook benötigt ein technisches Gerät, auf dem das Spiel läuft. In den 1980er Jahren, als Computersysteme noch nicht verbreitet waren, konnte man das Prinzip des Gamebooks auf programmierbaren Taschenrechnern spielen, sofern diese eine alphanumerische Anzeige hatten. In der heutigen Zeit sind computergesteuerte Geräte wie PCs, Laptops, Tablets oder Smartphones überall anzutreffen und es bietet sich deshalb an, Gamebooks auf solchen Geräten zu betreiben.

Bei der Entwicklung eines digitalen Gamebooks ist deshalb darauf zu achten, dass es auf möglichst vielen unterschiedlichen Geräten, die zudem mit unterschiedlichen Betriebssystemen versehen sind, funktioniert. Die Lösung dafür stellt ein weltweit gültiger Standard dar, der dies ermöglicht. Es handelt sich dabei um den Webstandard HTML, der es internetfähigen Geräten erlaubt, mithilfe eines Browsers auf diesen Standard zuzugreifen. HTML-fähige Programme laufen somit auf allen Geräten, welche einen Internetbrowser besitzen, wie beispielsweise den Internet Explorer, Microsoft Edge, Safari, Mozilla Firefox oder Google Chrome. Es spielt keine Rolle, ob das Gerät ein Smartphone, ein Desktop-Computer, ein Tablet oder ein anderes Endgerät ist.

Dadurch, dass HTML eine Auszeichnungs- und keine Programmiersprache ist, können lediglich Dinge angezeigt werden. Es ist nicht möglich, Berechnungen durchzuführen oder mit dem Benutzer zu interagieren. Dafür kommt die Programmiersprache Javascript zum Einsatz, die in HTML integriert ist.

HTML – kombiniert mit Javascript – bildet deshalb alle Funktionalitäten ab, die benötigt werden, um ein digitales Gamebook zu betreiben (Bernhard und Boyle 2013). Das Gamebook wird über den Browser des Gerätes gestartet. Dazu muss es nicht mit dem Internet verbunden sein, weil das Gamebook eigenständig im Browser des benutzen Gerätes abläuft. Eine Internetverbindung ist nur dann notwendig, wenn kollaborative Zusammenarbeit stattfinden oder die Rangliste bzw. der Spielstand anderer Teilnehmer eingesehen werden soll. Ebenso besteht dann die Möglichkeit, den Spielstand geräteunabhängig zu speichern. Dies ist dann vorteilhaft, wenn man beispielsweise unterwegs auf dem Smartphone das Spiel beginnt und zu Hause das Spiel auf einem Laptop fortsetzen will.

Um ein browserfähiges Gamebook im HTML-Format herzustellen, gibt es drei Möglichkeiten:

1. HTML in Verbindung mit Javascript und CSS: Diese Variante ist Programmierern und Webmastern vorbehalten, welche sich mit HTML und deren Erweiterungen Javascript (für das Verhalten) und CSS (für das Design) gut auskennen. Dies liegt daran, dass ein Gamebook ausschließlich auf Webseiten hergestellt werden kann, die Hyperlinks zur Fortsetzung der Story anbieten. Darüber hinausgehend muss es noch spezifische Werte (Ressourcen) des Spielers entgegennehmen, verwalten, berechnen, ändern und abspeichern können. Auch muss verhindert werden, dass der Spieler mit dem Zurück-Knopf des Browsers die gleiche Herausforderung mehrmals ausführen und damit das Gamebook zum beliebigen Ausprobieren verwenden kann.
2. Entwicklungsumgebungen für browserbasierte Spiele: Dazu zählen beispielsweise Clickteam Fusion oder Construct 2. Diese Umgebungen ermöglichen es, grafikfähige Spiele zu entwickeln, die im Browser ablaufen können. Diese Umgebungen sind nicht speziell zur Gamebook-Entwicklung hergestellt und enthalten deshalb eine Vielfalt von anderen Funktionen. Dadurch ist die Einarbeitungszeit für Nicht-Programmierer erheblich, allerdings immerhin noch geringer als bei einer direkten HTML-Entwicklung.

3. Gamebook-Entwicklungsumgebungen: Dazu gehören beispielsweise Twine, Inkle oder Squiffy. Deren ausschließlicher Verwendungszweck besteht in der Entwicklung von Gamebooks. Diese Umgebungen bieten die Möglichkeit, Gamebooks nicht aus programmtechnischer, sondern aus funktionaler Sicht zu entwickeln. Die dazugehörigen Programme erzeugen am Schluss einen funktionalen eigenständigen HTML-Code, der vom Entwickler des Gamebooks nicht erfasst werden muss. Die Einarbeitungszeit für solche Umgebungen ist auch für Nicht-Programmierer kurz. Innerhalb weniger Minuten kann man damit bereits erste kleine Gamebooks selbst erstellen.

Für das Anfertigen eines digitalen Gamebooks sind die Gamebook-Entwicklungsumgebungen besonders interessant, weil diese keine spezifischen Programmierkenntnisse benötigen. Sie können deshalb von Dozierenden, die selbst keine Informatiker sind, in Eigenregie erstellt werden.
Andere Formen von computerbasierten Spielen in der Bildung benötigen in der Regel zusätzliche Partner in der Entwicklung und ein hohes Budget. Das ist auch der Grund, weshalb computerbasierte Spiele in der Bildung praktisch nicht zu finden sind. Das benötigte Budget für die Software-Entwicklung ist für ein spezifisches Unterrichtsthema mit einer eigenen Software-Entwicklung in der Regel um ein Vielfaches zu hoch, um dieses kostengerecht zu vermarkten. Gamebooks haben dagegen den Vorteil, dass sie mit einem geringen Budget von denjenigen Personen entwickelt werden können, die auch über das Fachwissen verfügen – sozusagen „alles aus einer Hand". Natürlich ist es möglich, dass sich auch hier ein Team die Aufgaben teilt. Es bleibt festzuhalten: Die Entwicklung einer spannenden Story, die Integration von Fachwissen, das die Spieler lernen lässt, und die technische Umsetzung des digitalen Gamebooks können sowohl von einer Person erledigt als auch auf verschiedene Personen aufgeteilt werden.

2.5.2 Gamebook-Software-Entwicklungsumgebungen

Am einfachsten lässt sich ein Gamebook in einer eigens dafür designten, spezialisierten Entwicklungsumgebung erstellen. Bei den bekanntesten frei verfügbaren Tools handelt es sich um Twine, Inklewriter und Squiffy. Der zusätzliche Vorteil von Open-Source-Lizenzen gegenüber allen anderen Arten von Lizenzen liegt darin, dass die Software von einer Community von interessierten Mitgliedern laufend weiterentwickelt wird, ohne das damit unmittelbare geschäftliche Interessen verbunden sind. Zudem ist eine derartige Software für jedermann frei verfügbar.

In Tab. 2.10 findet sich eine Übersicht zu den Eigenschaften der jeweiligen Software-Umgebung. Im Folgenden werden die Besonderheiten je Software-Umgebung vorgestellt.

- **Twine** stellt ein Open-Source-Tool mit vielen Funktionen dar. So bietet Twine eine Vielzahl von Möglichkeiten: Berechnungen können durchgeführt, Weblinks und Bilder angezeigt sowie Bedingungen zur Steuerung der Story integriert werden. Je nach Verwendungszweck stellt Twine die drei Entwicklungsformate Harlowe, Snowman und SugarCube bereit. Das Standardformat ist Harlowe, das für Nicht-Programmierer geeignet ist und einen einfachen Einstieg erlaubt. Die Zielgruppe von Snowman sind erfahrene Entwickler, die sich mit Webtechnologien, Javascript und CSS auskennen. SugarCube ist ebenso für Webentwickler gedacht, mit dem Fokus auf Kompatibilität älterer Twine-Versionen. Twine erlaubt zudem den Export des Gamebooks im HTML-Format und bietet die Möglichkeit, dieses auf Internetservern kostenlos aufzuschalten. Die Gamebook-HTML-Datei kann auch lokal auf einem Gerät ausgeführt werden, um das Spiel ohne Internet-Verbindung zu spielen. Ebenso kann die HTML-Datei auf einen eigenen Server hochgeladen werden. Des Weiteren kann der Spielstand in einem Spiel abgespeichert und wieder geladen werden – je nachdem, wie der Entwickler dies vorsieht. In der Abb. 2.13 findet sich ein Printscreen, der zeigt, wie in Twine ein Gamebook-Baustein in der Gamebook-Entwicklung abgebildet wird.
- **Inklewriter** ist ein Online-Tool zur Erstellung von Gamebooks. Es wird von der Firma Inkle betrieben, die u. a. das Gamebook „80 Days" produziert hat und vertreibt. Die einzelnen Story-Elemente werden grafisch als Netzwerk aufgebaut. Inklewriter stellt nur eine sehr begrenzte Anzahl an Interaktions- und Befehlsstrukturen zur Verfügung. So können lediglich Bedingungen und Marker integriert werden. Zudem ist die Integration von Bildern möglich, wohingegen die Integration von Weblinks nicht zugelassen ist. Inklewriter ist für nichtfachkundige Programmierer gemacht. Weder Javascript noch CSS-Anweisungen sind zugelassen. Inklewriter erlaubt den Export des Gamebooks im HTML-Format und bietet die Möglichkeit, dieses auf Internetservern von Inkle kostenlos aufzuschalten. Die Gamebook-HTML-Datei kann darüber hinaus lokal auf einem Gerät ausgeführt werden, um das Spiel ohne Internet-Verbindung zu spielen. Beim Hochladen der HTML-Datei auf einem eigenen Server funktioniert das Gamebook aber ausschließlich dann, wenn eine gesicherte Verbindung via HTTPS vorliegt. Der Spielstand wird automatisch im Browser abgespeichert (local storage), sobald der Browser erneut gestartet wird, setzt das Spiel an der letzten Stelle wieder fort. In Abb. 2.14 findet sich der Printscreen eines Gambook-Bausteins, wie er sich in Inklewriter gestaltet.

Tab. 2.10 Übersicht über Software-Umgebungen zur Gamebook Erstellung. (Quelle: Eigene Darstellung)

Eigenschaft	Gamebook-Softwareumgebung		
	Twine	Inklewriter	Squiffy
Lizenzart	Open-Source-Software, frei verfügbar	Proprietäre Software, frei verfügbar, kostenlos	Open-Source-Software, frei verfügbar
Zielgruppe	Gamebook-Entwickler ohne/ mit Programmierkenntnisse(n)	Gamebook-Entwickler ohne Programmier- kenntnisse	Gamebook-Entwickler ohne/ mit Programmier- kenntnisse(n)
Veröffentlichung auf einem Gamebook-Server mit Online-Zugriff	Vorhanden, kostenlose Nutzung	Vorhanden, kostenlose Nutzung	Vorhanden, kostenlose Nutzung
HTML-Exportmöglichkeit als Datei zur Offline-Nutzung oder Upload auf einen eigenen Server	Ja	Teilweise, HTML-Datei startbar nur auf lokalen Geräten oder gesicherten HTTPS-Verbindungen	Ja
HTML-Einbindung im Story-Text zur Integration eigener Weblinks, Bilder und Multimedia	Ja	Nein	Ja
Einbindung von Javascript zur Verarbeitung spezifischer Spielereigenschaften wie z. B. des eigenen Namens	Ja	Nein	Ja
Speicherung des Spielstands im Browser (local storage)	Ja, jedoch nicht automatisch	Ja, automatisch	Ja, automatisch
Entwicklungsstadium der Software	Ständig aktualisiertes Release	Beta-Stadium	Ständig aktualisiertes Release

(Fortsetzung)

Tab. 2.10 (Fortsetzung)

Eigenschaft	Gamebook-Softwareumgebung		
	Twine	Inklewriter	Squiffy
Hinzufügen bereits erstellter Story-Teile oder vordefinierter Templates	Nein	Nein	Ja
Darstellungsmöglichkeiten	Grafik und Schrift	Grafik und Schrift	Ausschließlich Schrift
Online-Version ohne Installation nutzbar	Ja	Ja	Ja
Download-Version zur lokalen Installation auf dem Computer	Verfügbar für Windows, OS X und Linux-Systeme	Nein	Verfügbar für Windows, OS X und Linux-Systeme
Webadresse	https://twinery.org/	https://www.inklestudios.com/inklewriter/	http://textadventures.co.uk/

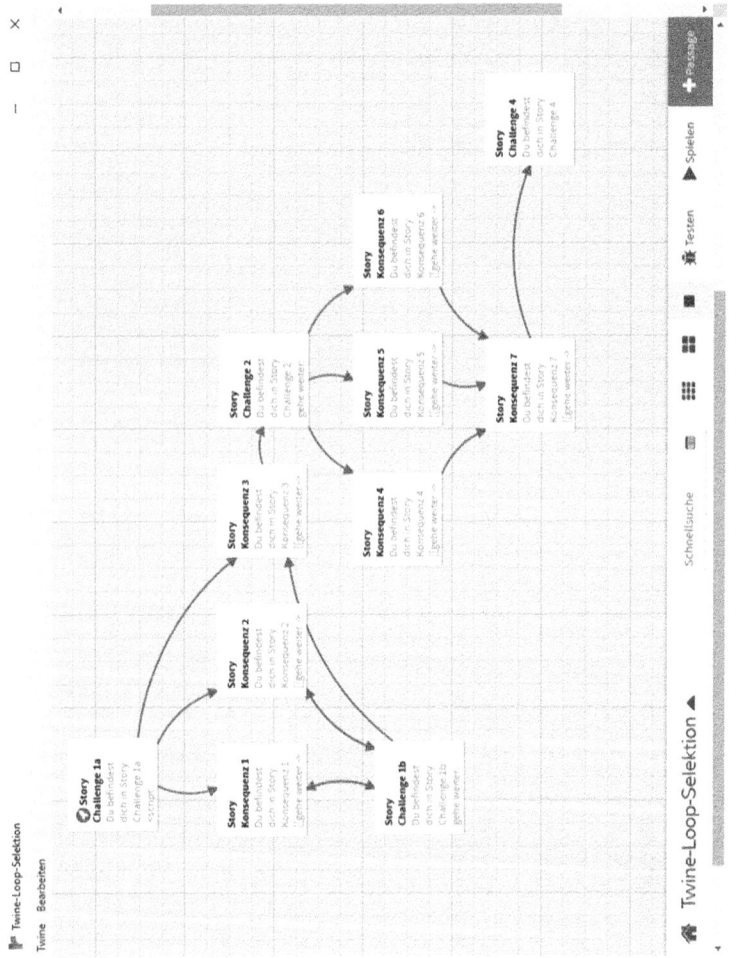

Abb. 2.13 Printscreen eines Gamebook-Bausteins in Twine. (Quelle: Eigene Darstellung)

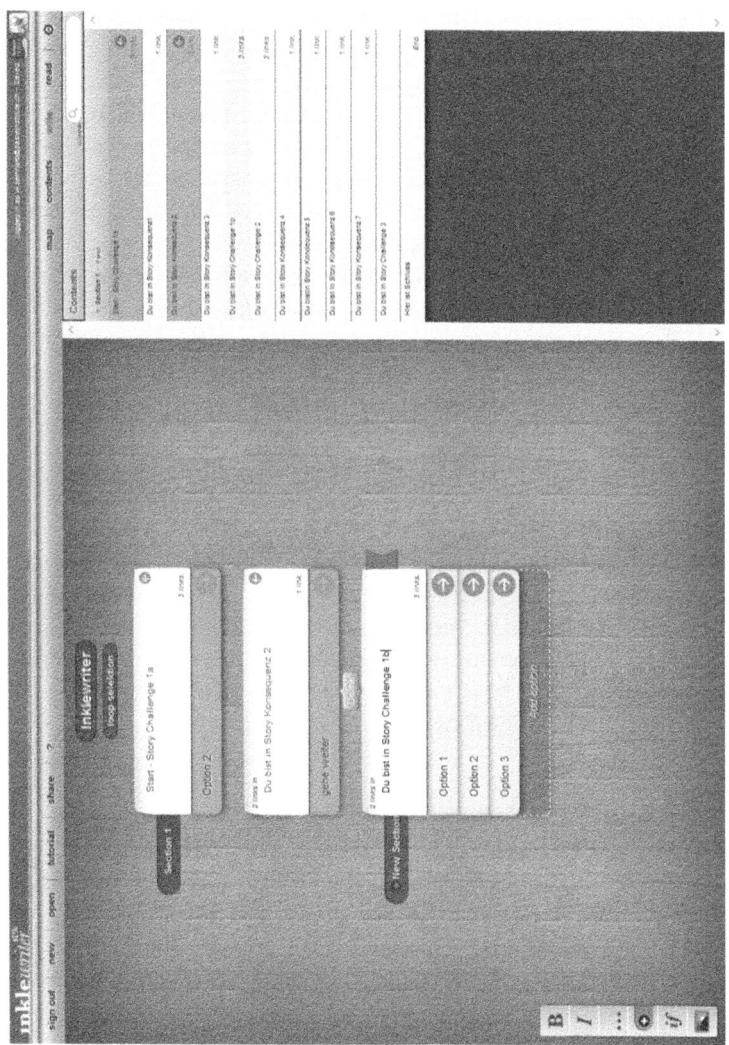

Abb. 2.14 Printscreen eines Gamebook-Bausteins in Inklewriter. (Quelle: Eigene Darstellung)

- **Squiffy** ist ebenfalls ein Online-Tool zur Erstellung von Gamebooks mit vielen Funktionen. Die Story wird deklarativ erstellt. Das bedeutet, dass man die komplette Story als Text schreibt. Für Interaktionen, Verzweigungen und Berechnungen stehen eine Vielzahl von vordefinierten Anweisungen zur Verfügung. Ebenso können HTML- und Javascript-Anweisungen direkt integriert werden, sodass die Webanwendung nahezu beliebig gestaltet werden kann. Dies betrifft beispielsweise die Dateneingabe über Eingabefenster, Berechnungen, Verzweigungen, Weblinks, Bilder und weitere multimediale Anwendungsfälle. Squiffy eignet sich für Programmierunkundige ebenso wie für Entwicklungsexperten. Squiffy erlaubt darüber hinaus den Export des Gamebooks im HTML-Format, um es lokal oder auf einem Internetserver zu betreiben. Es kann auch direkt auf einem Squiffy-eigenen Internetserver kostenlos aufgeschaltet werden. Der Spielstand eines Squiffy-Gamebooks wird automatisch im Browser abgespeichert (local storage). Zudem gibt es eigene Speicherfunktionen, die den Spielstand via Internet auf einen Server übertragen, sodass ein Gamebook auf verschiedenen Endgeräten gespielt werden kann. Abb. 2.15 zeigt einen Printscreen dazu, wie in Squiffy Gamebooks entwickelt werden. Auf der linken Seite der Abbildung befindet sich das Fenster zur Entwicklung. Rechts sieht man das Gamebook, wie es aus der Sicht des Spielers abläuft.

Grundsätzlich lässt sich sagen, dass die drei aufgeführten Softwareumgebungen große Gemeinsamkeiten aufweisen und sich gut für die Gamebook-Entwicklung eignen. Für den weiteren Verlauf des Buches soll die Software Squiffy verwendet werden. Diese eignet sich besonders gut, um mit vorgegebenen Gamebook-Bausteinen zu arbeiten und Templates zu erstellen, mit denen eine Automatisierung erreicht werden kann.

2.5.3   Integration kollaborativer Elemente

In der Gamebook-Software-Umgebung Squiffy sind – wie auch in den anderen Umgebungen – keine Kollaborationsräume vorgesehen. Sie können allerdings leicht als Weblink eingebunden werden. Im Folgenden sind drei Beispiele von frei verfügbaren Webtools aufgeführt, die via Weblink als Kollaborationsräume genutzt werden können:

- **Etherpad** (https://yourpart.eu/): Dieses Kollaborationstool eignet sich für Online-Textaktivitäten. Es kann ohne Registrierung verwendet werden. Derjenige, der den dazugehörigen Link kennt, hat Zugriff darauf. Alle Einträge

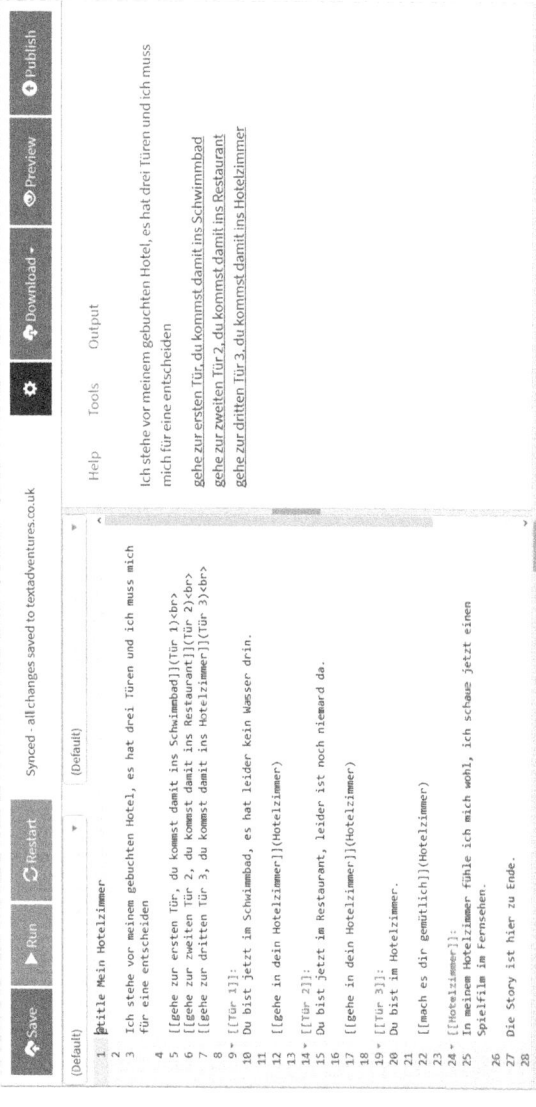

Abb. 2.15 Printscreen der Gamebook-Entwicklungsumgebung in Squiffy. (Quelle: Eigene Darstellung)

können von sämtlichen Teilnehmern geändert werden, wobei es eine zeitliche Aufzeichnung von allen Einträgen gibt. Wie bei einem Wiki können gelöschte Einträge wieder rekonstruiert werden. Die Benutzung ist kostenlos. Der dazugehörige Einstiegsmasken-Printscreen von Etherpad findet sich in Abb. 2.16.

Willkommen zum kollaborativen Online-Editor "Etherpad". Jeder, der die Internetadresse kennt, kann hier mitarbeiten! Mehr darüber, was ein Etherpad ist, erfahrt ihr hier

Welcome to the collaborative online editor "Etherpad". Everybody who knows the URL to a pad can collaborate with you! For more information about etherpads check out this link

Neues Pad erstellen / Create new pad

oder öffne ein Pad mit folgendem Namen:
or open a pad with the following name:

Menuevorschlaege

☐ Lösche Pad nach 30 Tagen Inaktivität (funktioniert nur bei neuen Pads)
  Delete Pad after 30 days of inactivity (only works on new pads)

ÖFFNEN / OPEN

Abb. 2.16 Einstiegsmasken-Printscreen des Kollaborationstools Etherpad. (Quelle: Eigene Darstellung)

- **Padlet** (https://padlet.com): Dieses Kollaborationstool kann in Form einer Notizzettel-Wand genutzt werden. Jeder, der Zugriff hat, kann Einträge machen und ausschließlich seine eigenen Einträge verändern oder löschen. Einträge anderer Teilnehmer können nicht bearbeitet werden. Ein Moderator, der diesen Kollaborationsraum in der Regel anlegt, hat Zugriffsrechte auf alle Einträge. Lediglich derjenige, der den Weblink kennt, kann seinen Zugriff ausüben. Die Benutzung ist kostenlos. Ein Beispiel für einen Padlet-Kollaborationsraum findet sich in Abb. 2.17.

- **Moodle** (https://moodle.org/): Moodle ist ein Learning-Management-System, das von zahlreichen Bildungseinrichtungen genutzt wird. Es bietet viele Möglichkeiten zur Abbildung von Kollaborationsräumen. Die einfachste Form stellt die Verlinkung in ein Diskussionsforum dar. Auf dieses Forum kann ausschließlich mit einem Log-in zugegriffen werden. Innerhalb dessen kann die Bearbeitung der Beiträge sämtlichen oder nur ausgewählten Teilnehmern gewährt werden.

- **Sway** (http://sway.com): Sway ist das von Microsoft betriebene Präsentationssystem, das als Nachfolgesystem von Powerpoint beworben wird. Es ist kostenlos nutzbar, setzt jedoch einen (ebenfalls kostenlosen) Microsoft-Account voraus. Sway bietet eine Fülle von hochwertigen Möglichkeiten zur Erstellung von Webpräsentationen mit Texten, Bildern und Weblinks in Form einer Art Schriftrolle. Viele Designs und Darstellungsformen sind bereits vordefiniert und können jederzeit angepasst werden. Sway bietet auch die Möglichkeit der Kollaboration an. Wer über den Kollaborationslink einer Sway-Präsentation verfügt, kann die Webseite nach Belieben verändern. Sway-Präsentationen laufen im Responsive-Design-Modus. Das bedeutet, dass das Layout (Anordnung und Größe der Schriften und Bilder) dem Gerät des Betrachters angepasst wird. So sieht eine Sway-Präsentation auf einem Smartphone aufgrund der Bildschirmdimensionen anders aus als auf einem Laptop. Der dazugehörige Einstiegsmasken-Printscreen von Sway findet sich in Abb. 2.18.

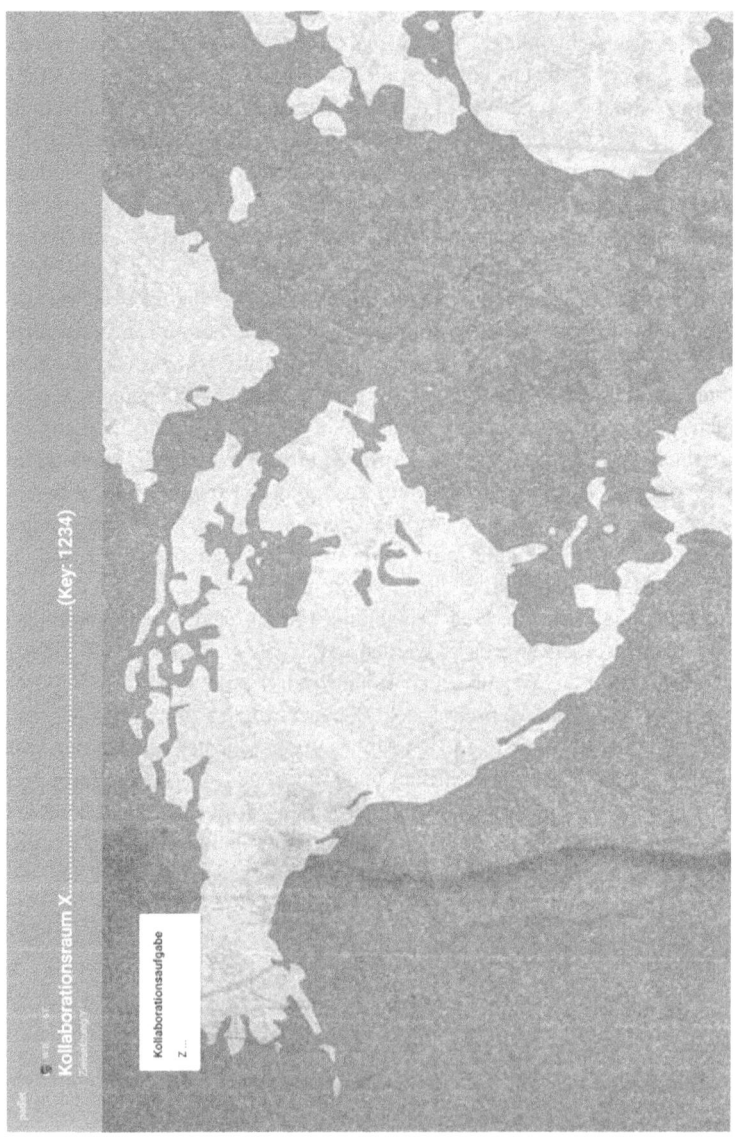

Abb. 2.17 Printscreen-Beispiel eines Padlet-Kollaborationsraums. (Quelle: Eigene Darstellung)

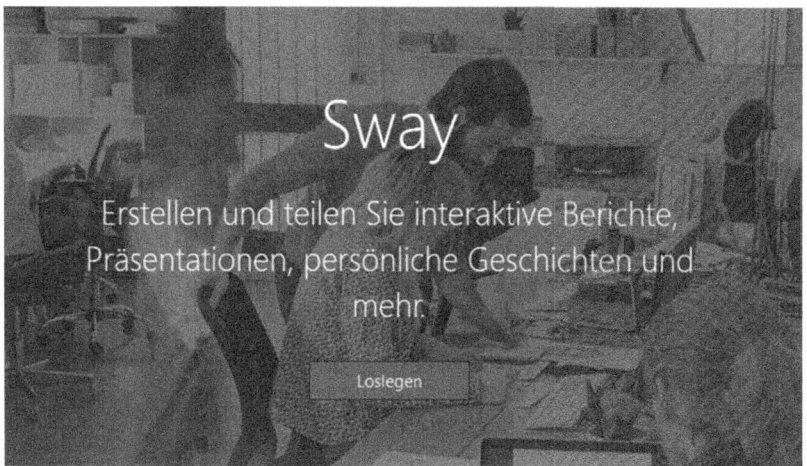

Abb. 2.18 Einstiegsmasken-Printscreen des Kollaborationstools Sway. (Quelle: Eigene Darstellung)

Literatur

Zeitschriftenartikel

Kramer, W., Was macht ein Spiel zu einem Spiel? Erfahrungen und Ansichten eines Spieleautors, Zeitschrift für Semiotik, Band 23, Heft 3–4, 2001, Spiele und Spielen, S. 285 f.

Buch

Anderson, Lorin W., Kratwohl, D. R., Airasian, P. W.: A Taxonomy for Learning, Teaching, and Assessing: A Revision of Bloom's Taxonomy of Educational Objectives. London: Longman Publishing Group, 2001.

Bernhard W., Boyle E. HTML-5-Games for Learning. In *Research Presentation: Design and Develop Your own Educational Game*. Online Educa Berlin 2013, 4–6. Dec. 2013.

Bloom, B., Englehart, M. Furst, E., Hill, W., Krathwohl, D. (1956). Taxonomy of educational objectives: The classification of educational goals. Handbook I: Cognitive domain. New York, Toronto: Longmans, Green, 1956.

Booker, C., The Seven Basic Plots: Why We Tell Stories, Bloomsbury UK, 2005.

Csíkszentmihályi, M., Das Flow-Erlebnis. Jenseits von Angst und Langeweile im Tun aufgehen, 8. Auflage, Klett-Cotta Stuttgart 2000.

Huizinga, J., Homo Ludens: Versuch einer Bestimmung des Spielelementes der Kultur. Basel: Akademische Verlagsanstalt Pantheon (1938).

Huizinga, J., Flitner, A., Nachod, H., Homo Ludens, Vom Ursprung der Kultur im Spiel, Rowohlt (2006).

Jünger, F.G., Die Spiele, List Bücher (1959).

Lave, J., Wenger, E.: Situated Learning: Legitimate Peripheral Participation. Cambridge University Press, Cambridge 1991.

McGonigal, J., Besser als die Wirklichkeit!: Warum wir von Computerspielen profitieren und wie sie die Welt verändern, Heyne Verlag, 2012.

Reinmann-Rothmeier, G.; Mandl, H.; Prenzel, M.: Computerunterstützte Lernumgebungen. Planung, Gestaltung und Bewertung, München: Wiley-VCH, 2000.

Peterßen, W., Handbuch Unterrichtsplanung: Grundfragen – Modelle – Stufen – Dimensionen, Oldenburg Schulverlag, 2000.

Siefer, W., Der Erzählinstinkt. Warum das Gehirn in Geschichten denkt, Carl Hanser Verlag, 2015.

Suits, B., The Grasshopper: Games, Life and Utopia, Broadview Press, 2005.

Buchkapitel

Goertz, L., Johanning, A., Das Kunststück, alle unter einen Hut zu bringen – Zielkonflikte bei der Akzeptanz des E-Learning, In: Tergan S., O., Schenkel P. (Hrsg.) Was macht E-Learning erfolgreich?: Grundlagen und Instrumente der Qualitätsbeurtielung, Springer-Verlag Berlin Heidelberg, 2004, S. 83–92.

Online-Dokument (ohne DOI)

Nassi, I.; Shneiderman, B.: Flowchart Techniques for Structured Programming, Notices XII. August 1973. Unter http://www.cs.umd.edu/hcil/members/bshneiderman/nsd/1973.pdf Zugegriffen: 09.10.2017.

Automatisierung der Gamebook-Erstellung mit Templates

3

Inhaltsverzeichnis

Zusammenfassung

Die Grundlage zur Automatisierung der Gamebook-Erstellung stellen Templates (Vorlagen) dar. Templates zeichnen sich dadurch aus, dass sie dem Gamebook-Entwickler eine vorgegebene Anzahl an Ablaufstrukturen an die Hand geben. Dadurch ist es in gewissem Maße möglich, eine Automatisierung bei der Integration von Lerninhalt, Story, Spiel und digitaler Umsetzung zu erreichen.

Abschn. 3.1 stellt die Grundfunktionen der zugrunde liegenden Squiffy-Entwicklungsumgebung vor. Dazu zählen Funktionen wie das Erstellen des Quellcodes, Speichern oder Veröffentlichen bzw. die Bereitstellung zum Spielen. Es wird u. a. erläutert, wie benutzerspezifische Daten und veränderbare Spielressourcen in das Gamebook integriert werden können. Ebenso erfolgt eine Beschreibung zum Einfügen von Bildern und Kollaborationsräumen.

In Abschn. 3.2 wird die Automatisierung der Gamebook-Erstellung durch Templates innerhalb der Squiffy-Entwicklungsumgebung gezeigt. Es wird auf den Baustein-Typ, der als Template dient, eingegangen. Anschließend werden die

© Springer Fachmedien Wiesbaden GmbH, ein Teil von Springer Nature 2018   97
B. Möslein-Tröppner und W. Bernhard, *Digitale Gamebooks in der Bildung*,
https://doi.org/10.1007/978-3-658-21349-7_3

einzelnen Baustein-Typ-Templates samt Squiffy-Quellcode und Ablaufdiagramm erläutert. Den Abschluss bildet die Vorstellung des Template-Generators, mit dem die Gamebook-Bausteine in automatisierter Form erstellt werden können.

3.1   Einstellung unterschiedlicher Funktionen in der Squiffy-Entwicklungsumgebung

Nachdem Story-Plot, Story-Setting, Game-Ressourcen und Wissensbestandteile festgelegt sind, kann die deklarative Umsetzung, also das Erstellen des Gamebooks, in der Software-Umgebung Squiffy erfolgen.

Bei Squiffy handelt es sich um eine unentgeltliche Open-Source-Software, die frei verfügbar ist. Folgende Eigenschaften, die in Tab. 2.10 (Übersicht über Software-Umgebungen zur Gamebook) dargestellt wurden, charakterisieren die Squiffy-Software-Umgebung:

- HTML-Exportmöglichkeit zur Offline-Nutzung
- Integration eigener Weblinks, Bilder und Multimedia
- Einbindung von Javascript zur Verarbeitung spezifischer Spielereigenschaften
- Speicherung des Spielstands im Browser
- Hinzufügen bereits erstellter Story-Teile bzw. vordefinierter Templates
- Download-Version zur Installation auf dem lokalen Computer

Wie in Abschn. 2.5.2 gezeigt wird, eignet sich die Software Squiffy, deren Release ständig aktualisiert wird, zur automatisierten Gamebook-Erstellung. Erste Schritte in Squiffy können ohne Anmeldung durchgeführt werden. Es ist lediglich der Aufruf des Weblinks http://textadventures.co.uk/squiffy notwendig. Es erscheint der in Abb. 3.1 dargestellte Startbildschirm – mit der Aufforderung, ein neues Spiel zu starten.

Nach Anklicken des Buttons „Start New Game – in your Browser" befindet sich der Gamebook-Entwickler bereits in der Entwicklungsumgebung von Squiffy – wie in Abb. 3.2 dargestellt. Der linke Teil des Fensters ist für die Entwicklung des Gamebooks vorgesehen (Entwicklungsfenster), während der rechte Teil des Fensters die Ausführung (Spielfenster) des Gamebooks zeigt. Das Spielfenster zeigt an, was der Spieler erlebt, wenn das Gamebook gestartet wird. Dazu muss jeweils der RUN-Button angeklickt werden.

Squiffy liefert beim Starten jeweils immer das gleiche Einstiegsbeispiel. Spannender ist es, einen Ablauf selbst zu erstellen. Dafür muss im linken Fenster

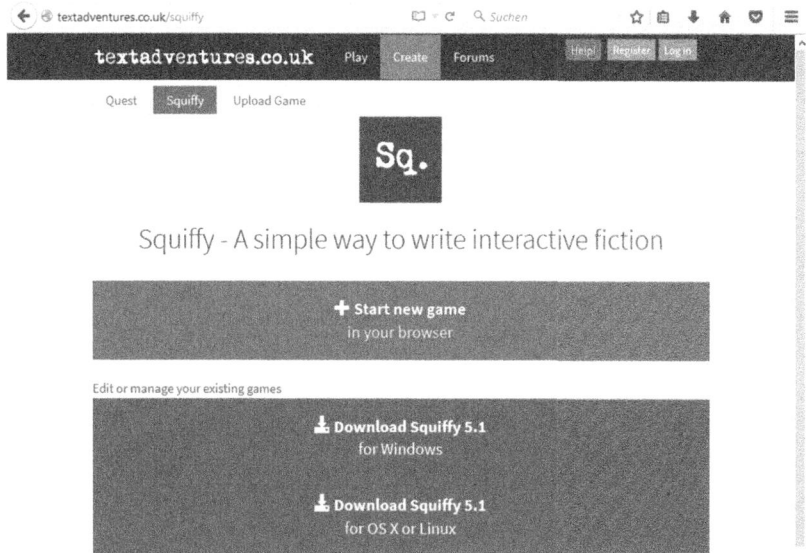

Abb. 3.1 Start der Squiffy-Entwicklungsumgebung. (Quelle: http://textadventures.co.uk/
squiffy)

zunächst der gesamte Inhalt gelöscht werden, indem alles markiert und anschließend gelöscht wird. Nun befindet sich links ein leeres Feld, in das die Story und
deren Ablaufstrukturen direkt eingetragen werden können.

Nachfolgend wird beispielhaft ein einfaches digitales Gamebook mit dem Titel
„Mein Hotelzimmer" in der Software-Entwicklungsumgebung Squiffy entwickelt.
Abb. 3.3 zeigt den dazugehörigen Baustein des Fallbeispiels in grafischer Form.

Insgesamt werden mit dem Fallbeispiel sechs unterschiedliche Schritte (Mein
Hotelzimmer 1 bis 6) vorgestellt, die folgenden Inhalt haben:

- **Grundlegende Funktionen:** Einstellen von Funktionen wie „Quellcode
  erstellen" „Speichern" oder „Veröffentlichen" bzw. „Zum Spielen bereitstellen" (Mein Hotelzimmer 1).
- **Benutzerspezifische Eingaben:** Einfügen einer Variablen, die den Namen
  enthält und somit benutzerspezifisch ist (Mein Hotelzimmer 2).
- **Veränderbare Spielressourcen:** Hinzufügen veränderbarer Ressourcen wie
  Geld oder Erfahrungspunkte (Mein Hotelzimmer 3).

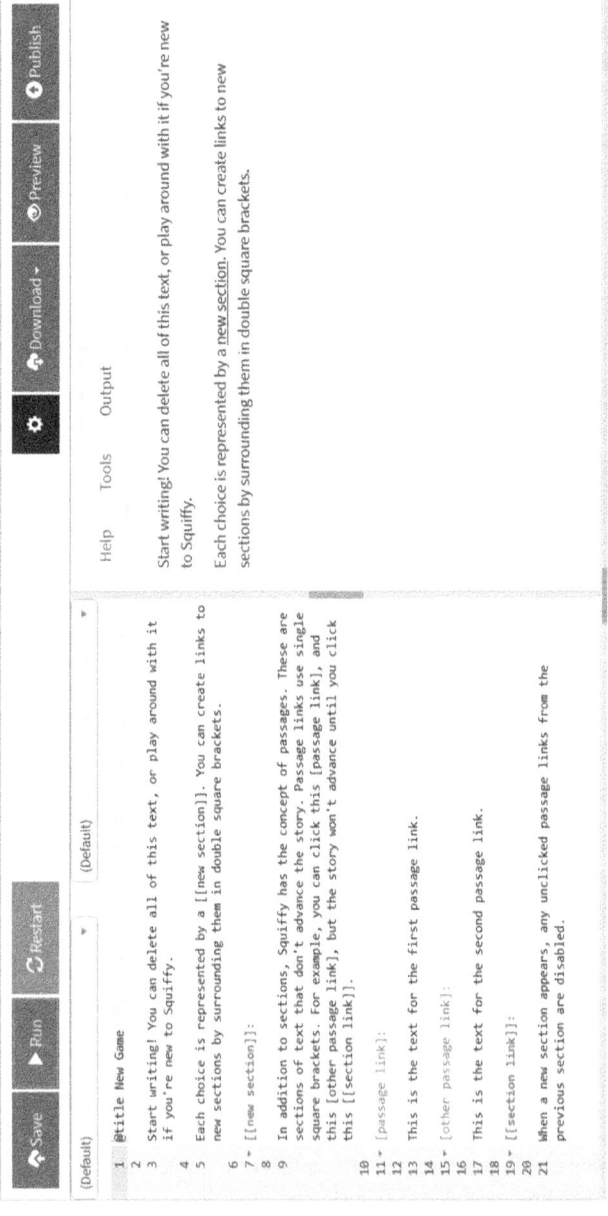

Abb. 3.2 Entwicklungsumgebung von Squiffy nach Betätigung des RUN-Buttons. (Quelle: http://textadventures.co.uk/squiffy)

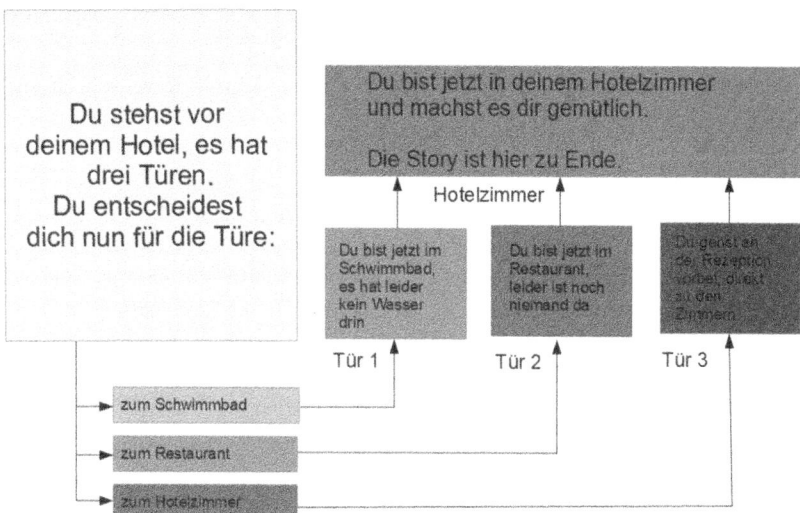

Abb. 3.3 Baustein des Fallbeispiels „Mein Hotelzimmer" als Ablaufdiagramm. (Quelle: Eigene Darstellung)

- **Bedingungsabhängige Funktionen:** Einfügen von bedingungsabhängigen Aktionen, mit denen Entscheidungssituationen abgebildet werden (Mein Hotelzimmer 4).
- **Weblinks, Bilder und HTML-Anweisungen:** Durch das Einfügen von Weblinks, Bildern und HTML-Anweisungen können zusätzliche Informationen mitgeliefert werden (Mein Hotelzimmer 5).
- **Kollaborationsräume:** Die Einbindung von Kollaborationsräumen kann durch das Einfügen von Weblinks mit einer Web-2.0-Applikation herbeigeführt werden (Mein Hotelzimmer 6).

Im Nachfolgenden wird die Ausführung der einzelnen Schritte detailliert vorgestellt:

1. Einstellen grundlegender Funktionen wie „Quellcode erstellen", „Speichern" oder „Veröffentlichen" bzw. „Zum Spielen bereitstellen" (Mein Hotelzimmer 1)

Für die Bereitstellung von Gamebooks in der Squiffy-Entwicklungsumgebung ist es nötig, den Text der Geschichte mit Squiffy-Anweisungen zu versehen. Voraussetzung dafür sind die Kenntnis der Squiffy-Anweisungen und das Einsetzen dieser Anweisungen am entsprechenden Ort.

In Tab. 3.1 ist der Quellcode im Entwicklungsfenster nach der Umsetzung des Fallbeispiels „Mein Hotelzimmer 1" dargestellt.

Am Beispiel des dargestellten Quellcodes lassen sich die Anweisungen, die Squiffy zugrunde liegen, erklären:

- Zeile 1: Die Squiffy Anweisung @**title** gibt an, wie Squiffy das Gamebook nennen soll: alles was hinter @**title** steht, gehört zum Namen des Gamebooks.
- Zeile 3, Zeile 4: Hier steht ein Text der Geschichte.
- Zeile 6: Die eckigen Klammern [[...]] zeigen Squiffy an, dass es sich um einen Auswahltext handelt. Alles, was innerhalb dieser Klammern steht, wird im Spiel als Auswahl dargestellt, hier also der Text „zum Schwimmbad".

Die runde Klammer (...) folgt unmittelbar auf die Klammern [[...]] – ohne ein Leerzeichen dazwischen. Diese runden Klammern geben Squiffy den Ort

Tab. 3.1 Quellcode des Entwicklungsfensters „Mein Hotelzimmer 1". (Quelle: Eigene Darstellung)

1	@title Mein Hotelzimmer 1
2	
3	Du stehst vor deinem Hotel, es hat drei Türen.
4	Du entscheidest dich nun für die Türe:
5	
6	[[zum Schwimmbad]](Tür 1)\<br\>
7	[[zum Restaurant]](Tür 2)\<br\>
8	[[zum Hotelzimmer]](Tür 3)\<br\>
9	
10	**[[Tür 1]]:**
11	Du bist jetzt im Schwimmbad, es hat leider kein Wasser.
12	
13	[[gehe ins Hotelzimmer]](Hotelzimmer)
14	
15	**[[Tür 2]]:**
16	Du bist jetzt im Restaurant, leider ist noch niemand da.
17	
18	[[gehe ins Hotelzimmer]](Hotelzimmer)
19	
20	**[[Tür 3]]:**
21	Du gehst an der Rezeption vorbei direkt zu den Zimmern.
22	
23	[[gehe ins Hotelzimmer]](Hotelzimmer)
24	
25	**[[Hotelzimmer]]:**
26	Du bist jetzt in deinem Hotelzimmer und machst es dir gemütlich.
27	
28	Die Story ist hier zu Ende.

(engl: section oder dt: Abschnitt) an, wo die Geschichte weiterspielen soll, wenn der Spieler den Text „zum Schwimmbad" ausgewählt hat. In diesem Fall geht die Geschichte also auf der Zeile von [[**Tür 1**]]: weiter, d. h. Zeile 10.

Der Text **
** hinter (**Tür 1**) ist eine HTML-Anweisung, sie heißt „break" und bewirkt, dass der nachfolgende Text in Zeile 7 auf einer neuen Zeile beginnt. Probieren Sie ruhig aus, was passiert, wenn Sie **
** weglassen oder wenn Sie zwei Zeilenumbrüche (ENTER-Taste) eingeben.

- Zeile 7, Zeile 8: (analog zu Zeile 6) bewirken, dass die Zeilen 15 resp. 20 in der Geschichte wirksam werden können.
- Zeile 10: Ist eine reckeckige Klammer mit einem Doppelpunkt danach. Diese Squiffy-Anweisung ist eine Section und färbt sich grün. Damit erkennt Squiffy, dass der auf Zeile 6 angegebene Teil (**Tür 1**) entsprechend **bei [[Tür 1]]:** eine Fortsetzung findet. Wenn [[**Tür 1**]]: nicht grün gefärbt ist, haben Sie einen Tippfehler gemacht.

  Section-Namen wie [[**Tür 1**]]: dürfen nur einmal vergeben werden, sonst weiß Squiffy nicht, wohin es springen soll.
- Zeile 11: Hier steht ein Text der Geschichte, der im Spiel nur dann gezeigt wird, wenn der Spieler Tür 1 gewählt hat.
- Zeile 13: Entspricht wieder einer Wahloption wie bei Zeile 6, der Spieler sieht den Text „gehe ins Hotelzimmer" und sobald der Spieler diesen anwählt, geht die Geschichte bei der Section (**Hotelzimmer**) weiter, also auf Zeile 25.
- Zeile 15–16 und 20–21: Analoge Funktionsweise wie bei den Zeilen 10–11.
- Zeile 25: Hier ist Section [[**Hotelzimmer**]]: welches über die Zeilen 13, 18 oder 23 vom Gamebook angesteuert werden kann.

Squiffy bezeichnet Anweisungen der Form [[**Tür 1**]]: als sogenannte Section und färbt diese automatisch grün ein. Anweisungen der Form [[**zum Schwimmbad**]](**Tür 1**) werden als Section Link bezeichnet, wobei (**Tür 1**) angibt, wo die Geschichte weiter gehen soll. Dies funktioniert aber nur dann, wenn Tür 1 sowohl in der doppelten eckigen Klammer als auch in der runden Klammer exakt gleich geschrieben ist.

Zusammenfassend bedeutet dies: [[**zum Schwimmbad**]](**Tür 1**) zeigt dem Spieler im Spiel den Auswahltext „zum Schwimmbad". Wählt der Spieler diesen Text an, so setzt das Gamebook die Geschichte an derjenigen Stelle im Squiffy-Programm fort, an **der [[Tür 1]]:** eingetragen ist.

Mit Betätigen des „Run"-Buttons startet das Gamebook. Es zeigt sich das Spielfenster des Gamebooks, wie in Abb. 3.4 dargestellt. Durch Klicken der blauen Auswahltexte gelangt der Spieler sukzessive weiter bis zum Ende des Gamebooks.

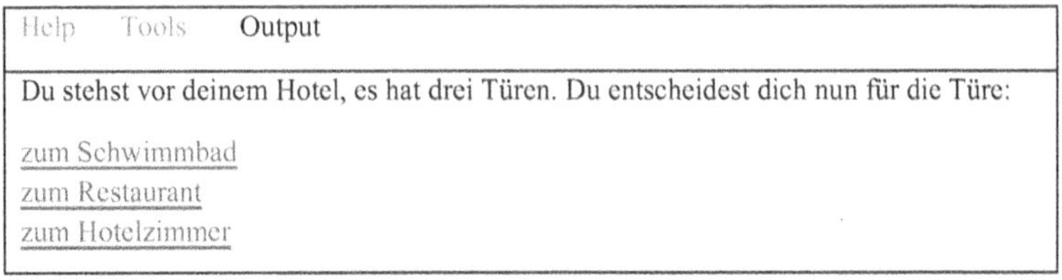

Help   Tools   Output
Du stehst vor deinem Hotel, es hat drei Türen. Du entscheidest dich nun für die Türe: zum Schwimmbad zum Restaurant zum Hotelzimmer

Abb. 3.4 Spielfenster des Gamebooks „Mein Hotelzimmer 1". (Quelle: eigene Darstellung)

▶   **TIPP** Nach dem Einloggen und Anklicken eines erstellten Gamebooks
     bleibt das Entwicklungsfenster (linkes Squiffy-Fenster) möglicherweise
     leer. Es sieht lediglich so aus, als ob das Gamebook nicht mehr vorhan-
     den oder gar gelöscht ist. In Wirklichkeit liegt ein Aktualisierungsfeh-
     ler des Browsers vor. In einem solchen Fall gibt es zwei Möglichkeiten,
     das Gamebook wieder erscheinen zu lassen:
     • Erstens kann man den aktuellen Browser schließen und sich mit
       einem anderen Browser einloggen. Wer beispielsweise im Chro-
       me-Browser sein Gamebook leer vorfindet, schließt diesen und
       öffnet das Gamebook mit Firefox oder Safari (neu einloggen unter
       http://textadventures.co.uk).
     • Eine zweite Möglichkeit besteht darin, den Browser im privaten
       Modus zu betreiben. Dies ist bei verschiedenen Browsern wie z. B.
       Firefox oder Chrome möglich. In diesem privaten Fenster muss sich
       der Entwickler nochmals neu einloggen unter http://textadventures.
       co.uk und das entsprechende Gamebook wie gewohnt anwählen.

Was die Speicherfunktion angeht, so speichert Squiffy die angelegten Gamebooks
in regelmäßigen Abständen automatisch ab. Der blaue Save-Button oberhalb des
Entwicklungsfensters kann jederzeit zusätzlich benutzt werden, um einen Ent-
wicklungsstand abzuspeichern. Damit ist das Gameboook in der Cloud, also auf
einem Server von textadventures.co.uk, abgespeichert.

Neben der Cloud-Speicherung lässt sich der Quellcode auch lokal auf dem
Computer sichern. Dafür wählt man im blauen Menü „Download" in der oberen
rechten Ecke den Unterpunkt „Squiffy Script" aus. Diese Nutzung mit dem Icon
„SQ" und dem Namen des Gamebooks mit der Erweiterung .squiffy enthält das
gesamte Gamebook als Text-Kopie des Entwicklungsfensters. Es kann durch
Anklicken geladen werden, wodurch Squiffy automatisch gestartet wird. Die
erzeugte .squiffy-Datei kann auch als Text mit einem Text-Editor geöffnet werden

und mit der Tastenkombination „Copy and Paste" in einem leeren Squiffy-Ent-wicklungsfenster platziert werden.

Zudem kann der Entwickler das Gamebook jederzeit auf der Entwicklungs-umgebung spielen und es dadurch testen. Damit das Gamebook außerhalb der Squiffy-Entwicklungsumgebung direkt im Browser gespielt werden kann, muss es als HTML-Datei heruntergeladen werden. Dazu muss im blauen Menü „Download" oben rechts der Unterpunkt „Export HTML und Javascript" gewählt und mit „Datei speichern" die Datei lokal abgespeichert werden. Die Datei mit dem Namen des Gamebooks und dem Zusatz .zip enthält das Gamebook als gepackte ZIP-Datei. Um das Gamebook zu starten, muss die ZIP-Datei erst ent-packt werden. Heutige Computer enthalten üblicherweise ein Programm, wel-ches ZIP-Dateien entpacken kann, ansonsten sind derartige Programme auch kostenfrei erhältlich. Beim Entpacken der ZIP-Datei erhält man ein Verzeichnis mit vier darin befindlichen Dateien. Das Gamebook lässt sich starten, indem man die „index.html"-Datei anklickt. Die beiden Dateien mit dem Zusatz „.js" sind die notwendigen Javascript-Dateien für die Steuerung des Gamebooks. Die Datei mit dem Zusatz „.CSS" enthält die notwendigen Stilvorlagen (Cascading Style Sheets), die unter anderem Schrittgröße und Schriftart bestimmen. Den Ordner mit den entpackten Dateien kann auf ein beliebiges Gerät wie Laptop, Smart-phone oder Tablet kopiert und das Gamebook kann dort ebenfalls lokal gestartet werden. Voraussetzung ist aber, dass dieses Gerät einen HTML-fähigen Browser wie Firefox oder Chrome besitzt.

Die Veröffentlichung des Gamebooks im Internet kann auf drei Arten erfol-gen: auf dem von textadventure.co.uk betriebenen Server, einem eigenen Server oder in einem Learning-Management-System wie Moodle. Bei einer Veröffent-lichung des Gamebooks auf einem textadventure.co.uk-Server benötigen die Spieler lediglich einen Weblink, um es zu spielen. Squiffy kann dazu direkt kos-tenfrei hochgeladen werden. Dafür wird in der Squiffy-Entwicklungsumgebung in der rechten oberen Ecke der blaue Knopf „Publish" betätigt. Anschließend gibt man im Feld unter „Name" den Gamebook-Namen ein und klickt an, für wen das Gamebook spielbar sein soll („Who can access this game?"). Zur Aus-wahl stehen „nur Leute die den Link kennen" („Only people I give the link to") oder jedermann („Everybody"). Bei der Option „jedermann" wird das Spiel auch auf dem Server von Textadventures aufgelistet und ist somit für jeden auffindbar.

Unter „Description" kann man noch eine kleine Beschreibung des Gamebooks hinterlegen, anschließend muss man durch Anklicken der Box bei „I agree to the above terms and conditions" bestätigen, dass man mit den Bedingungen von textadventures.co.uk einverstanden ist. Diese sagen aus, dass man selbst immer Autor des Gamebooks bleibt, dieses kostenlos ist und keine Änderungen im Spiel an sich vorgenommen werden. Nach Anklicken des grünen Buttons „Publish" ist das Spiel online verfügbar. Der dazugehörige Link findet sich unter „View your game listing". Der Link ist aufgrund seiner Länge nur zum Verschicken geeignet. Wer einen kurzen Link zum Eintippen möchte, kann diesen auf einer kostenlosen Link-Management-Plattform wie beispielsweise https://bitly.com/ nach eigenen Wünschen verkürzen.

Es gibt noch eine weitere Möglichkeit, das eigene Gamebook auf den Servern von Textadventures.co.uk zu veröffentlichen. Wie oben beschrieben, klickt man zunächst den Button „Publish" an, danach klickt man auf den grauen Text „upload-game" (oben im Browser). Mit dem grauen Button „Durchsuchen" kann man den Gamebook-Dateiordner auf dem eigenen Computer anklicken und danach mit dem grünen Button „upload" hochladen. Diese Variante der Veröffentlichung hat den Vorteil, dass man auch Bilder und Dateien mitliefern kann, wenn solche im eigenen Gamebook verwendet werden sollen.

Für eine Veröffentlichung des Gamebooks auf dem eigenen Server bedarf es einer eigenen Webseite und somit auch eines Zugangs zu einem gehosteten Internetserver. Auf diesem Server kann das Gamebook betrieben werden. Dazu muss lediglich das Gamebook-Verzeichnis in das öffentliche Verzeichnis des gehosteten Servers kopiert werden. Dafür eignet sich beispielsweise ein kostenloses FTP-Tool wie Cyberduck. Das Gamebook ist dann unter der eigenen Webadresse verfügbar. Eine weitere Möglichkeit bietet ein Learning-Management-Systemen (LMS) wie beispielsweise Moodle an, die von Schulen oft selbst betrieben werden. Das Gamebook kann auch auf eine solche Plattform hochgeladen und betrieben werden.

2. Einstellen benutzerspezifischer Eingaben (Hotelzimmer 2)

Als Nächstes soll das Beispiel „Mein Hotelzimmer 1" so verändert werden, dass der Spieler im Gamebook eine Eingabe machen kann, die vom Gamebook übernommen wird. Dazu ist eine Variable notwendig, die den Namen des Spielers enthalten soll. Eine Variable ist ein Behälter, der einen bestimmten Wert annehmen kann, in der Regel ein Text oder eine Zahl. Das Beispiel „Mein Hotelzimmer 2" benutzt eine Squiffy-Variable mit dem Namen „sname" (für squiffy name), um den Namen des Spielers in dieser Variable zu speichern. Tab. 3.2 zeigt den Quellcode im Entwicklungsfenster nach der Umsetzung des Fallbeispiels „Mein Hotelzimmer 2".

Das Beispiel „Mein Hotelzimmer 2" funktioniert nun folgendermaßen:

- Zeile 3: Das Gamebook startet mit dem Anzeigelink „Starte das Gamebook hier" und geht dann direkt zu Zeile 5 zu Section [[Vorname]]:, sobald der Spieler den Link gewählt hat.

Tab. 3.2 Quellcode des Entwicklungsfensters „Mein Hotelzimmer 2" mit veränderbarem Namen. (Quelle: eigene Darstellung)

```
1    @title Mein Hotelzimmer 2
2
3    [[Starte das Gamebook hier]](Vorname)
4
5    [[Vorname]]:
6        // Javascript Teil zur Namenseingabe //
7        var jname = prompt("Willkommen im Gamebook, gib hier deinen Vornamen ein", "Andrea");
8        set ("sname", jname);
9        // Ende des Javascript Teils zur Namenseingabe //
10
11   {sname}, du stehst vor deinem Hotel, es hat drei Türen.<br>
12   Du entscheidest dich nun für die Türe:
13
14   [[zum Schwimmbad]](Tür 1)<br>
15   [[zum Restaurant]](Tür 2)<br>
16   [[zum Hotelzimmer]](Tür 3)<br>
17
18   [[Tür 1]]:
19   Du bist jetzt im Schwimmbad, es hat leider kein Wasser.
20
21   [[gehe ins Hotelzimmer]](Hotelzimmer)
22
23   [[Tür 2]]:
24   Du bist jetzt im Restaurant, leider ist noch niemand da.
25
26   [[gehe ins Hotelzimmer]](Hotelzimmer)
27
28   [[Tür 3]]:
29   Du gehst an der Rezeption vorbei direkt zu den Zimmern.
30
31   [[gehe ins Hotelzimmer]](Hotelzimmer)
32
33   [[Hotelzimmer]]:
34   Du bist jetzt in deinem Hotelzimmer und machst es dir gemütlich.
35
36   Die Story von {sname} ist hier zu Ende.
```

- Zeile 5: Hier beginnt die Section für die Abfrage des Namens, eine eventuelle Javascript-Anweisung muss immer direkt unterhalb einer Section stehen, sonst funktioniert diese nicht.
- Zeile 6: Javascript-Text, der zum Dokumentieren gilt. Er muss zwischen//und// stehen. Der Beginn//muss genau 4 Leerzeichen nach rechts eingerückt sein, damit Squiffy weiß, dass es sich um Javascript-Anweisungen handelt.
- Zeile 7: Hier wird eine Variable mit dem Namen jname (javascript name) erzeugt, der Inhalt dieser Variable wird als Fenster (prompt-Anweisung) abgefragt, wo der Spieler dann seine Eingabe machen kann. Wenn er nichts eingibt, wird als Name „Andrea" gewählt. Auch hier muss die Zeile erst mit 4 Leerzeichen beginnen, damit Javascript von Squiffy erkannt wird.

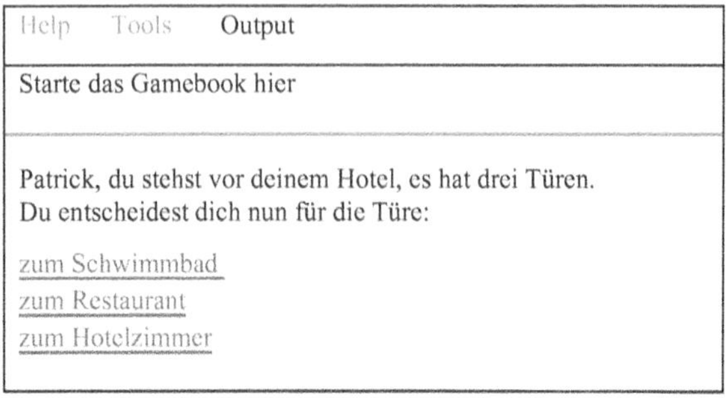

Help   Tools   Output
Starte das Gamebook hier
Patrick, du stehst vor deinem Hotel, es hat drei Türen. Du entscheidest dich nun für die Türe: zum Schwimmbad   zum Restaurant   zum Hotelzimmer

Abb. 3.5 Anzeige des eingegebenen Namens „Patrick" bei Ausführen des Gamebooks. (Quelle: eigene Darstellung)

- Zeile 8: Hier wird die Javascript-Variable namens jname der Squiffy-Variablen sname übergeben.
- Zeile 9: ist wiederum Dokumentationstext
- Zeile 11: Der Name, der durch den Spieler eingegeben wurde, ist in der Squiffy-Variablen sname enthalten. Der Text wird im Gamebook angezeigt, wenn es als {sname} in eine geschweifte Klammer gepackt wird.
- Zeile 36: Hier wird wiederum der eingegebene Name im Gamebook angezeigt.

Die dazugehörige Bildschirmanzeige findet sich in Abb. 3.5.

3. Verändern von Spielressourcen (Hotelzimmer 3)

Im Gamebook veränderbare Werte wie Geld oder Erfahrungspunkte können – ebenso wie der Name – in Variablen gespeichert und im Spiel verändert und angezeigt werden. Tab. 3.3 zeigt den Quellcode des Fallbeispiels. Als veränderbare Werte ist die Geldsumme des Bankkontos aufgeführt.

Das Beispiel „Mein Hotelzimmer 3" zeigt, wie eine Squiffy-Variable im Spiel als veränderbare Ressource (hier: Stand des Bankkontos) verwendet werden kann:

- Zeile 2: Hier wird mit der @set-Anweisung eine Squiffy-Variable namens „Bankkonto" definiert und dieser der Wert 300 zugeteilt. Das „Bankkonto" hat somit beim Start einen Wert von 300.
- Zeile 20: Hier wird mit der @inc (Squiffy-Inkrement-Anweisung) der Wert der Variablen „Bankkonto" um 30 erhöht.
- Zeile 28: Hier wird mit der @dec (Squiffy-Dekrement-Anweisung) der Wert der Variablen „Bankkonto" um 20 verringert.

Tab. 3.3 Quellcode des Entwicklungsfensters „Mein Hotelzimmer 3" mit veränderbaren Spielressourcen. (Quelle: eigene Darstellung)

```
1    @title Mein Hotelzimmer 3
2    @set Bankkonto = 300
3
4    [[Starte das Gamebook hier]](Vorname)
5
6    [[Vorname]]:
7        // Javascript Teil zur Namenseingabe //
8        var jname = prompt("Willkommen im Gamebook, gib hier deinen Vornamen ein", "Andrea");
9        set ("sname", jname);
10       // Ende des Javascript Teils zur Namenseingabe //
11
12   {sname}, du stehst vor deinem Hotel, es hat drei Türen.<br>
13   Du entscheidest dich nun für die Türe:
14
15   [[zum Schwimmbad]](Tür 1)<br>
16   [[zum Restaurant]](Tür 2)<br>
17   [[zum Hotelzimmer]](Tür 3)<br>
18
19   [[Tür 1]]:
20   @dec Bankkonto 30
21
22   Du bist jetzt im Schwimmbad, es hat leider kein Wasser.
23   Es wird dir trotzdem eine Tagespauschale von 30 Euro in Rechnung gestellt.
24
25   [[gehe ins Hotelzimmer]](Hotelzimmer)
26
27   [[Tür 2]]:
28   @inc Bankkonto 20
29
30   Du bist jetzt im Restaurant, leider ist noch niemand da.
31   Als Willkommensgeschenk werden dir 20 Euro auf deinem Bankkonto gutgeschrieben.
32
33   [[gehe ins Hotelzimmer]](Hotelzimmer)
34
35   [[Tür 3]]:
36   Du gehst an der Rezeption vorbei direkt zu den Zimmern.
37
38   [[gehe ins Hotelzimmer]](Hotelzimmer)
39
40   [[Hotelzimmer]]:
41   Du bist jetzt in deinem Hotelzimmer und machst es dir gemütlich,
42   dann piepst dein Mobiltelefon, es meldet:
43
44   Lieber Kunde, Ihr Guthaben beträgt {Bankkonto} Euro.
45
46   Die Story von {sname} ist hier zu Ende.
```

Help   Tools   Output
Starte das Gamebook hier.
Patrick, du stehst vor deinem Hotel, es hat drei Türen. Du entscheidest dich nun für die Türe: zum Schwimmbad   zum Restaurant   zum Hotelzimmer
Du bist jetzt im Restaurant, leider ist noch niemand da. Als Willkommensgeschenk werden dir 20 Euro auf deinem Bankkonto gutgeschrieben.   Gehe ins Hotelzimmer
Du bist jetzt in deinem Hotelzimmer und machst es dir gemütlich, dann piepst dein Mobiltelefon, es meldet: Lieber Kunde, Ihr Guthaben beträgt 320 Euro.   Die Story von Patrick ist hier zu Ende.

Abb. 3.6 Anzeige des Bankkonto-Standes beim Ausführen des Gamebooks. (Quelle: eigene Darstellung)

- Zeile 44: Hier wird der aktuelle Wert der Squiffy-Variablen „Bankkonto" im Spiel angezeigt. Je nachdem, welche Tür der Spieler beim Spielen des Gamebooks genommen hat, erscheint ein anderer Wert.
- Teile 46: Angabe, dass das Spiel zu Ende ist unter Angabe des Spielernamens {sname}.

Abb. 3.6 zeigt den aktuellen Bankkonto-Stand (Guthaben) im Gamebook.

4. Einfügen von Bedingungen (Hotelzimmer 4)

Bedingungsabhängige Aktionen bilden eine wichtige Funktionsgruppe in Gamebooks. Für solche Entscheidungen sind Anweisungen in der Form „If – Then – Else" vorgesehen.

Tab. 3.4 zeigt den Quellcode des Fallbeispiels „Hotelzimmer 4. "Als veränderbarer Wert ist die Geldsumme des Bankkontos aufgeführt.

Tab. 3.4 Quellcode des Entwicklungsfensters „Mein Hotelzimmer 4". (Quelle: eigene Darstellung)

```
1    @title Mein Hotelzimmer 4
2    @set Bankkonto = 300
3
4    [[Starte das Gamebook hier]](Vorname)
5
6
7    [[Vorname]]:
8        // Javascript Teil zur Namenseingabe //
9        var jname = prompt("Willkommen im Gamebook, gib hier deinen Vornamen ein", "Andrea");
10       set ("sname", jname);
11       // Ende des Javascript Teils zur Namenseingabe
12
13   {sname}, du stehst vor deinem Hotel, es hat drei Türen.<br>
14   Du entscheidest dich nun für die Türe:
15
16   [[zum Schwimmbad]](Tür 1)<br>
17   [[zum Restaurant]](Tür 2)<br>
18   [[zum Hotelzimmer]](Tür 3)<br>
19
20   [[Tür 1]]:
21   @dec Bankkonto 30
22
23   Du bist jetzt im Schwimmbad, es hat leider kein Wasser.
24   Es wird dir trotzdem eine Tagespauschale von 30 Euro in Rechnung gestellt.
25
26   [[gehe ins Hotelzimmer]](Hotelzimmer)
27
28   [[Tür 2]]:
29   @inc Bankkonto 20
30
31   Du bist jetzt im Restaurant, leider ist noch niemand da.
32   Als Willkommensgeschenk werden dir 20 Euro auf deinem Bankkonto gutgeschrieben.
33
34   [[gehe ins Hotelzimmer]](Hotelzimmer)
35
36   [[Tür 3]]:
37   Du gehst an der Rezeption vorbei direkt zu den Zimmern.
38
39   [[gehe ins Hotelzimmer]](Hotelzimmer)
40
41   [[Hotelzimmer]]:
42   Du bist jetzt in deinem Hotelzimmer und machst es dir gemütlich,
43   dann piepst dein Mobiltelefon, es meldet:
44
45   Lieber Kunde, Ihr Guthaben beträgt {Bankkonto} Euro.
46
47
48   {if Bankkonto>300:
49   Du freust dich, dass dir das Hotel ein Willkommensgeschenk gemacht hat.}
50
51   {if Bankkonto<300:
52   Du ärgerst dich, dass dir das Hotel eine Schwimmbadpauschale verrechnet hat.}
53
54   {if Bankkonto=300:
55   Du nimmst die Mitteilung zur Kenntnis.}
56
57
58   Die Story von {sname} ist hier zu Ende.
```

Im Beispiel „Mein Hotelzimmer 4" wird gezeigt, wie der angezeigte Text im Gamebooks abhängig von der Variable „Bankkonto" gemacht werden kann:

- Zeile 48–49: Die if-Anweisung bewirkt, dass der Text auf Zeile 49 nur dann angezeigt wird, wenn die Variable „Bankkonto" einen Wert größer als 300 besitzt.
- Zeile 41–52: Die if-Anweisung bewirkt, dass der Text auf Zeile 52 nur dann angezeigt wird, wenn die Variable „Bankkonto" einen Wert kleiner als 300 besitzt.
- Zeile 54–55: Die if-Anweisung bewirkt, dass der Text auf Zeile 55 nur dann angezeigt wird, wenn die Variable „Bankkonto" einen Wert von 300 besitzt.

Abb. 3.7 zeigt den aktuellen Bankkonto-Stand in Abhängigkeit von der Türwahl.

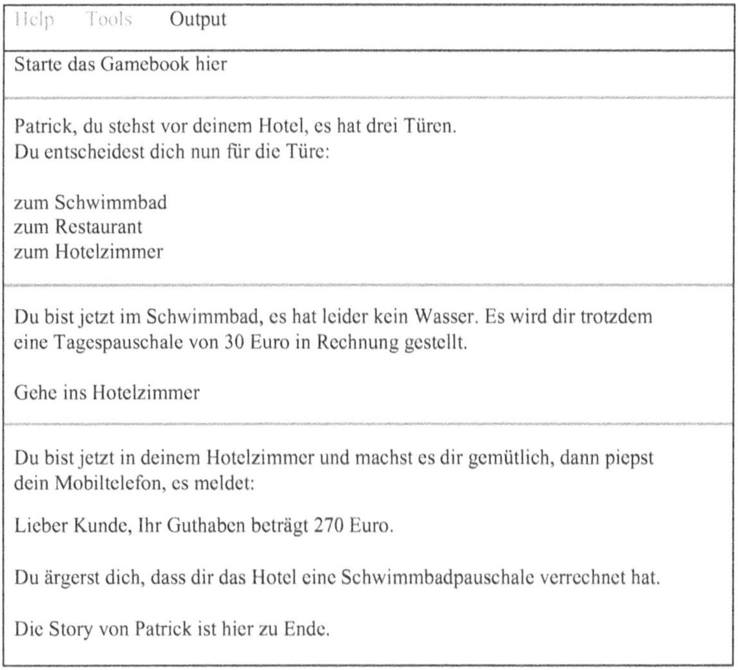

Help   Tools   Output
Starte das Gamebook hier
Patrick, du stehst vor deinem Hotel, es hat drei Türen. Du entscheidest dich nun für die Türe: zum Schwimmbad zum Restaurant zum Hotelzimmer
Du bist jetzt im Schwimmbad, es hat leider kein Wasser. Es wird dir trotzdem eine Tagespauschale von 30 Euro in Rechnung gestellt. Gehe ins Hotelzimmer
Du bist jetzt in deinem Hotelzimmer und machst es dir gemütlich, dann piepst dein Mobiltelefon, es meldet: Lieber Kunde, Ihr Guthaben beträgt 270 Euro. Du ärgerst dich, dass dir das Hotel eine Schwimmbadpauschale verrechnet hat. Die Story von Patrick ist hier zu Ende.

Abb. 3.7 Anzeige des aktuellen Bankkonto-Standes bei Wahl der Tür zum Hotelzimmer. (Quelle: eigene Darstellung)

5. Einfügen von Weblinks, Bildern und HTML-Anweisungen (Hotelzimmer 5)

Das Einfügen von Bildern, Weblinks und Schrifteinstellungen bietet dem Game-book zusätzliche Vielfalt und stellt weiterführende Informationen bereit. Im Fall-beispiel „Hotelzimmer 5" wird gezeigt, wie im Gamebook Bilder und Weblinks integriert und Schriften verändert werden können. Tab. 3.5 zeigt den Quellcode des Fallbeispiels „Hotelzimmer 5" für den Fall, dass eine Tür in den Text einge-bettet wird.

Um Bilder, Weblinks und geänderte Schrifteinstellungen einzufügen, sind die HTML-Anweisungen entsprechend zu formulieren:

Tab. 3.5 Quellcode des Entwicklungsfensters „Mein Hotelzimmer 5". (Quelle: eigene Darstellung)

```
1    @title Mein Hotelzimmer 5
2
3    Du stehst vor deinem Hotel, es hat drei Türen.
4    Du entscheidest dich nun für die Türe:
5
6    <img src="http://www.gamebook.ch/dgb/L-door.png" with="100" height="123" />
7
8
9    [[zum Schwimmbad]](Tür 1)<br>
10   [[zum Restaurant]](Tür 2)<br>
11   [[zum Hotelzimmer]](Tür 3)<br>
12
13   [[Tür 1]]:
14   Du bist jetzt im Schwimmbad, es hat leider kein Wasser.
15
16   [[gehe ins Hotelzimmer]](Hotelzimmer)
17
18   [[Tür 2]]:
19   Du bist jetzt im Restaurant, leider ist noch niemand da.<br>
20
21   [[gehe ins Hotelzimmer]](Hotelzimmer)
22
23   [[Tür 3]]:
24   Du gehst an der Rezeption vorbei direkt zu den Zimmern.
25
26   [[gehe ins Hotelzimmer]](Hotelzimmer)
27
28   [[Hotelzimmer]]:
29   Du bist jetzt in deinem Hotelzimmer und machst es dir gemütlich, nimmst dein Tablet und liest
30   die <a href="http://www.20min.ch" target="_blank">neuesten Nachrichten </a>
31
32
33   <i>Die Story ist hier zu Ende.</i>
```

- Zeile 6: die HTML-Anweisung <img ...> zeigt ein im Internet befindliches Bild an, die Breite und Höhe kann in der Anweisung eingestellt werden (with, height in Anzahl Pixel). Dieses Bild ist im Internet-hinterlegt unter der Webadresse: http://www.gamebook.ch/dgb/L-door.png
- Zeile 30: die HTML-Anweisung <a> ...</a> ermöglicht es, im Spiel den Weblink http://www.20min.ch anzuwählen.
- Zeile 33: die HTML-Anweisung <i> ... </i> lässt den darin enthaltenen Text kursiv erscheinen.

Abb. 3.8 zeigt einen Screenshot mit dem eingefügten Bild.

Es können ausschließlich Bilder und Weblinks zu Dateien verwendet werden, die sich auf dem lokalen Computer befinden. Die Bilder und Dateien müssen sich dann ebenfalls im lokalen Verzeichnis des Gamebooks befinden. Das Gamebook wird lokal gespeichert. Wenn es online gespielt werden soll, muss das Gamebook-Verzeichnis mit den Bildern und Dateien zusammen mit den HTML-,

---

Help   Tools   Output
Du stehst vor deinem Hotel, es hat drei Türen. Du entscheidest dich nun für die Türe:

zum Schwimmbad
zum Restaurant
zum Hotelzimmer

Du gehst an der Rezeption vorbei direkt zu den Zimmern.

Gehe ins Hotelzimmer

Du bist jetzt in deinem Hotelzimmer und machst es dir gemütlich, nimmst dein Tablet und liest die

neuesten Nachrichten

Die Story ist hier zu Ende.

Abb. 3.8 Anzeige des eingefügten Bildes im Gamebook. (Quelle: eigene Darstellung)

CSS- und JS-Dateien entweder auf einen eigenen Server oder auf den Server von Textadventures.co.uk hochgeladen werden.

6. Integrieren von Kollaborationsräumen (Hotelzimmer 6)

Weblinks können in Gamebooks auch dazu verwendet werden, kollaborative Aktivitäten mit anderen Spielern desselben Gamebooks durchzuführen. Dazu muss ein Weblink mit einer Web-2.0-Applikation in eine Aufgabenstellung eingebunden werden. Die Web-2.0-Applikation soll beim Anklicken direkt ein neues Browserfenster öffnen, wo der Spieler direkten Zugriff dazu hat. Tab. 3.6 zeigt den Quellcode des Fallbeispiels „Hotelzimmer 6" für den Fall, dass der Weblink zu einem Kollaborationsraum hergestellt wird und wie im Gamebook Kollaborationsaktivitäten integriert werden können.

Tab. 3.6 Quellcode des Entwicklungsfensters „Mein Hotelzimmer 6". (Quelle: eigene Darstellung)

1	@title Mein Hotelzimmer 6
2	
3	Du stehst vor deinem Hotel, es hat drei Türen.
4	Du entscheidest dich nun für die Türe:
5	
6	[[zum Schwimmbad]](Tür 1)
7	[[zum Restaurant]](Tür 2)
8	[[zum Hotelzimmer]](Tür 3)
9	
10	[[Tür 1]]:
11	Du bist jetzt im Schwimmbad, es hat leider kein Wasser.
12	
13	[[gehe ins Hotelzimmer]](Hotelzimmer)
14	
15	[[Tür 2]]:
16	Du bist jetzt im Restaurant, leider ist noch niemand da.
17	Trage <a href="https://yourpart.eu/p/menuewuensche" target="_blank">hier deine
18	Menüwünsche</a> für das Abendessen ein.
19	
20	[[gehe ins Hotelzimmer]](Hotelzimmer)
21	
22	[[Tür 3]]:
23	Du gehst an der Rezeption vorbei direkt zu den Zimmern.
24	
25	[[gehe ins Hotelzimmer]](Hotelzimmer)
26	
27	[[Hotelzimmer]]:
28	Du bist jetzt in deinem Hotelzimmer und machst es dir gemütlich. Nimm dein Tablet und
29	bewerte nun die bestehenden Menüvorschläge <a href="https://yourpart.eu/p/menuewuensche"
30	target="_blank">hier </a> nach Gesundheitskriterien.
31	
32	Die Story ist hier zu Ende.

In Beispiel „Mein Hotelzimmer 6" ist folgende Kollaborationstätigkeit eingebunden: Wenn man die Tür zum Restaurant betritt, wird nach dem eigenen Menüwunsch befragt. Die Menüwünsche können alle Spieler im Kollaborationsraum eingeben. An einer späteren Stelle des Gamebooks müssen die Spieler dann beispielsweise die Menüeinträge der anderen nach Gesundheitskriterien bewerten:

- Zeile 17/18: Weblink, der in einen Kollaborationsraum führt, um Eingaben zu tätigen. Diesen Kollaborationsraum muss man vorher separat erstellen, z. B. mit einem Etherpad: https://yourpart.eu/p/menuewuensche.
- Solche Kollaborationsräume können kostenlos und ohne Registrierung erstellt werden. Die benutzte Webadresse lautet: https://yourpart.eu/ (siehe dazu Abschn. 2.5).
- Zeile 29/30: Kollaborationsraum, in welchem vorhandene Einträge anderer Spieler nun bewertet werden müssen.

Abb. 3.9 zeigt den Ethernet-Kollaborationsraum für Gruppenaktivitäten.

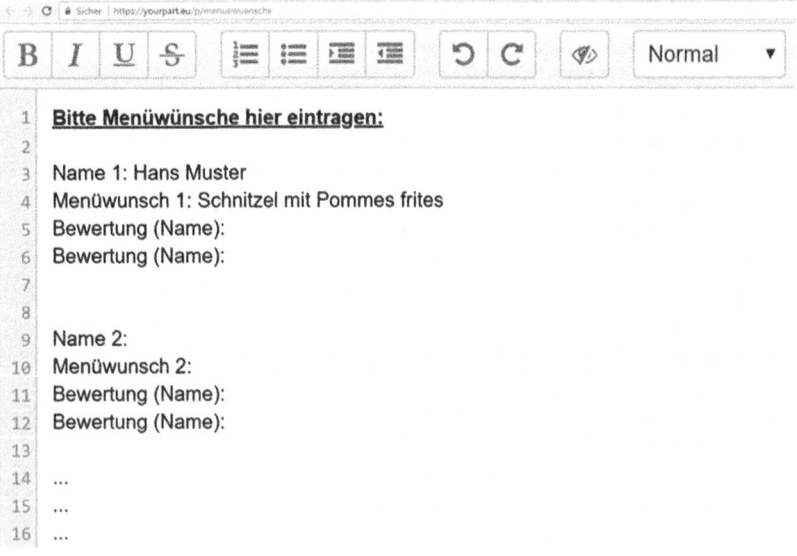

Abb. 3.9 Ethernet-Kollaborationsraum für „Mein Hotelzimmer 6". (Quelle: eigene Darstellung)

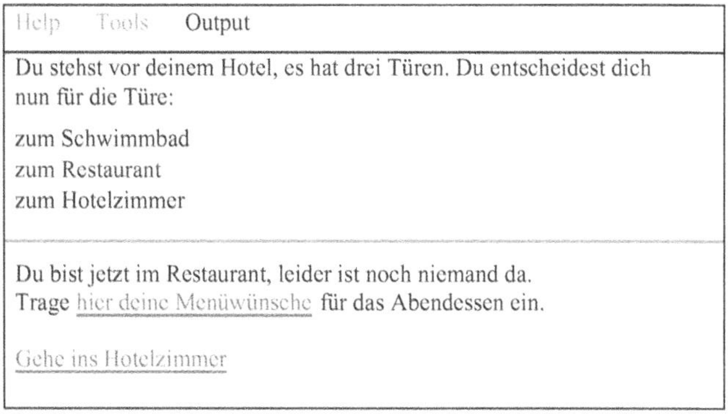

Help Tools Output
Du stehst vor deinem Hotel, es hat drei Türen. Du entscheidest dich nun für die Türe: zum Schwimmbad zum Restaurant zum Hotelzimmer
Du bist jetzt im Restaurant, leider ist noch niemand da. Trage hier deine Menüwünsche für das Abendessen ein. Gehe ins Hotelzimmer

Abb. 3.10 Anzeige des eingefügten Weblinks zum Kollaborationsraum im Gamebook. (Quelle: eigene Darstellung)

Abb. 3.10 zeigt, wie der Link zum Kollaborationsraum im Gamebook angeklickt werden und wie eine Aufforderung zu Kollaborationsaktivitäten aussehen kann.

3.2 Automatisierung der Baustein-Typen durch Templates

3.2.1 Baustein-Typ als Ausgangspunkt der Automatisierung

Der Gamebook-Baustein stellt, wie in Abschn. 2.2.3 dargestellt, die zentrale Einheit des digitalen Gamebooks dar. Die Bausteine beinhalten die wesentlichen Strukturen, um beliebige Gamebooks für den Bildungsbereich herzustellen. Damit nicht für jeden Baustein eine eigene Ablaufstruktur geschaffen werden muss, wurden die sogenannten Baustein-Typen entwickelt. Diese können als standardisierte Templates verwendet werden. Im Einzelnen handelt sich um die folgenden bereits vorgestellten Baustein-Typen:

- Loop
- Selektion

- Loop und Selektion
- Aufbau
- Obligatorische Kollaboration
- Optionale Kollaboration

Um eine Automatisierung der digitalen Gamebook-Erstellung zu erzielen, werden die Baustein-Typen in beliebiger Anordnung sukzessive hintereinandergeschaltet. Im Nachfolgenden werden zu den unterschiedlichen Baustein-Typen jeweils die Quellcodes der Squiffy-Entwicklungsumgebung dargestellt. Um die Squiffy-Logik zu verstehen, die den Templates zugrunde liegt, sind folgende Begriffe von Bedeutung:

- **Section:** Section (deutsch: Abschnitt) ist ein Textabschnitt bzw. eine Sprungstelle im Text, die von anderen Textabschnitten bzw. Sprungstellen angesteuert werden kann.
- **Variable:** Variable stellt einen Behälter dar, der einen Text oder Zahlenwert beinhalten kann, der veränderbar ist.
- **Action:** Action (deutsch: Handlung, Aktion) bezeichnet die Aktion oder Handlung, die in diesem Feld beschrieben wird. Im Squiffy-Quellcode tauchen nur die drei ersten Buchstaben *Act* auf. Diese Bezeichnung kann wahlweise durch einen passenden Begriff ersetzt werden, beispielsweise durch den Ort der Handlung wie „Paris" oder „London". Wenn das Template mit dem Template-Generator erstellt wird, wird dies auf „Par" oder „Lon" gekürzt. Die Aktionsbezeichnung hilft dem Gamebook-Entwickler, die Handlung des Bausteins schnell zu erkennen. Drei Buchstaben, wie beispielsweise Par für Paris oder Lon für London, verdeutlichen dies. Danach erfolgen die Angaben von Kapitel, Aufgabe und Baustein, jeweils als Zahl. Die Trennung dieser Angaben kann durch einen Punkt oder einen Unterstrich erfolgen. Beide Schreibweisen sind zulässig.
- **In, D1, D2, Dout:** Diese Teile kennzeichnen, ob es sich um den Story-Eingang des Templates (In), den Story-Ausgang (Dout) oder um die Story-Konsequenzen (D1, D2) handelt.

Die Struktur der Gamebook-Geschichte folgt dabei einer Logik, die aus Kapiteln, Aufgaben und Bausteinen für diese Aufgaben besteht. Dies ist auf die dreistufige Einteilung des Lerninhalts, wie in Abschn. 2.2.2 gezeigt, zurückzuführen. Ein bestimmter Baustein wird durch Kapitel-, Aufgaben- und Bausteinnummer festgelegt. Zum Beispiel steht der Baustein 1.1.1 für Kap. 1, Aufgabe 1 und Baustein 1. Für Bausteine mit anderen Kapitel-, Aufgaben- und Baustein-Nummern müssen die Bezeichnungen entsprechend angepasst werden.

Exemplarisch wird die Logik anhand des Quellcodes für das „Loop"-Template erläutert, der in Tab. 3.7 dargestellt ist. „Act_1_1_1_in" bezeichnet die Eingangsstelle des Bausteins 1.1.1 im Squiffy-Code. Der darauffolgende Baustein hat die Bausteinnummer 1.1.2, wobei das Ende des Bausteins mit „Act_1_1_2_in" bezeichnet wird. Die Aktion „Act_1_1_1.in" bezeichnet in Squiffy dann eine

Tab. 3.7 Quellcode des „Loop"-Template für den Baustein 1.1.1. (Quelle: eigene Darstellung)

```
1   [[Act_1_1_1_in]]:
2
3   <!--------------- Action      ----------------->
4
5   @inc Label_1_1_1_in 1
6   {if Label_1_1_1_in=1:
7
8   Text Story Challenge in a
9
10  }
11  {else:
12
13  Text Story Challenge in b
14
15  }
16  + [[Text-D1]](Act_1_1_1_D1)<br>
17  + [[Text-D2]](Act_1_1_1_D2)<br>
18  + [[Text-D3]](Act_1_1_1_Dout)<br>
19
20  [[Act_1_1_1_D1]]:
21
22  Text Story Konsequenz D1
23
24  + [[gehe weiter]](Act_1_1_1_in)<br>
25
26  [[Act_1_1_1_D2]]:
27
28  Text Story Konsequenz D2
29
30  + [[gehe weiter]](Act_1_1_1_in)<br>
31
32  [[Act_1_1_1_Dout]]:
33
34  Text Story Konsequenz Dout
35
36  <!--------------- Action      ----------------->
37
38  + [[gehe weiter]](Act_1_1_2_in)
```

Section (= Abschnittsbeginn oder -ende), wenn sie mit einer zweifachen eckigen Klammer mit anschließendem Doppelpunkt versehen ist, also so [[Act_1_1_1_ in]]. Sections müssen eindeutig sein, sie dürfen also nur ein einziges Mal im Squiffy-Code vorkommen, ansonsten funktioniert das Programm nicht.

Die einzelnen Bausteine werden in der Regel hintereinander in Serie geschaltet. Andere Schaltungen der Templates sind möglich, die Struktur muss dann aber von Hand korrigiert werden – zum Beispiel, wenn einzelne Bausteine nicht in Serie, sondern parallel angeordnet werden sollen.

3.2.2 Baustein-Typ-Templates

Insgesamt liegen sechs unterschiedliche Baustein-Typen, die auf die vorstrukturierten Programm-Elemente zurückgreifen, vor. Es handelt sich um die Baustein-Typen „Loop", „Selektion", „Loop und Selektion", „Aufbau", „Obligatorische Kollaboration" und „Optionale Kollaboration".

Der Baustein-Typ „Loop" sieht derart aus, dass der Lernende zum Start auf eine Herausforderung (Challenge) trifft. Er hat drei Optionen, aus denen er die richtige Option finden muss, um in der Geschichte weiter zu kommen. Solange er sich für die beiden anderen Optionen entscheidet, wird er immer wieder auf den Anfangszustand zurückgeworfen. Wenn er die richtige Option gewählt hat, verläuft sein Weg automatisch zum nächsten Baustein weiter. Abb. 3.11 zeigt die Ablaufstruktur des Templates für den Baustein-Typ „Loop".

Die Story beginnt mit dem Text der „Text Story Challenge in a". Dann trifft der Spieler auf drei Entscheidungsoptionen, die mit D1, D2 und Dout bezeichnet werden. D1 und D2 enden in Rückführungen, Dout in einem Ausgang. Bei den Rückführungen ist jeweils ein anderer Story-Text hinterlegt als beim Einstieg „Text Story Challenge in b".

Das einfache Beispiel „Fahrprüfung" verdeutlicht die Vorgehensweise: Die „Story Challenge in a" in „Act_1_1_1_in" startet mit dem Satz: „Du erscheinst zu einer Fahrprüfung und bist gut vorbereitet, aber trotzdem nervös." Entscheide dich nun, was du als nächstes tun willst:

- D1: Telefoniere mit einem Freund, um die Nervosität zu beseitigen.
- D2: Gehe nach draußen, um frische Luft zu schnappen.
- D3: Warte einfach, was nun als Nächstes passiert.

Bei Wahl von D1 verpasst der Spieler den Aufruf des Prüfungsexperten (bei Act_1_1_1_D1) und kommt dann in eine Schlaufe zurück an den Anfang, aber

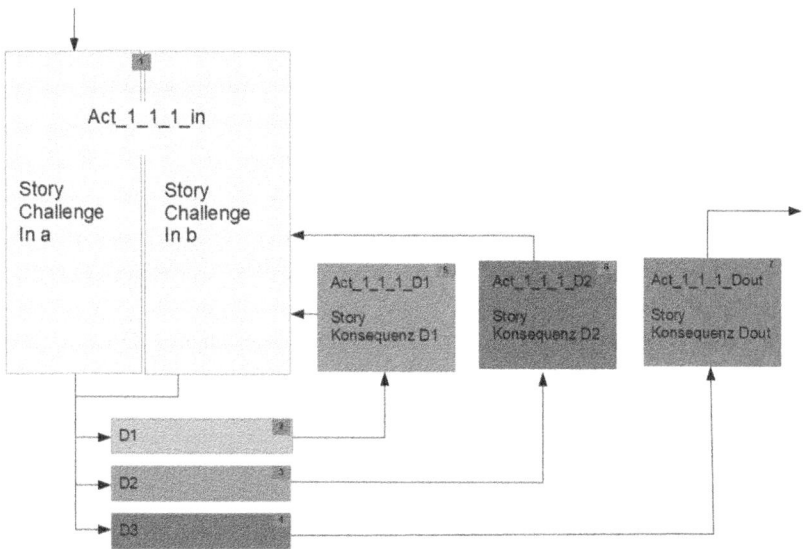

Abb. 3.11   Template des Baustein-Typs „Loop" als Ablaufdiagramm. (Quelle: eigene Darstellung)

diesmal mit einem anderen „Text Story Challenge in b": „Probiere es nochmal und versuche, deinen Fehler nicht ein zweites Mal zu begehen.":

- D1: Telefoniere mit einem Freund, um die Nervosität zu beseitigen.
- D2: Gehe nach draußen, um frische Luft zu schnappen.
- D3: Warte einfach, was nun als Nächstes passiert.

Nur, wenn der Spieler die Entscheidung D3 wählt, kommt er im Spiel weiter.

Tab. 3.7 zeigt den Quellcode des Loop-Template für den Baustein 1.1.1. Für die Anwendung dieses Template auf einen anderen Baustein muss die Ziffernfolge entsprechend angepasst werden.

Bei Verwendung dieses Quellcodes müssen jeweils folgende Anpassungen gemacht werden:

- Alle „_1_1_1"-Bezeichnungen sind durch die Ziffern des gewünschten Bausteins „Kapitel_Aufgabe_Baustein" zu ersetzen. Wenn der Baustein beispielsweise 2.4.3 lautet, wird „_1_1_1" durch „_2_4_3" ersetzt. Es handelt sich

dann um den Baustein 2.4.3 mit Kapitelnummer 2, Aufgabennummer 4 und
Bausteinnummer 3.

- Sämtliche Texte, die die Story, den Lerninhalt oder die Entscheidung betreffen, sind einzufügen. Die dafür vorgesehenen Stellen sind fett markiert.
- Die Felder „Action" auf Zeile 3 und 36 sind durch entsprechenden aktuellen
  Hinweis-Text zu ersetzen, z. B. „Paris", wenn die Geschichte dort stattfindet.
  Dies erleichtert später das Überprüfen des Quellcodes.
- In der letzten Zeile (hier 38) ist der Folgebaustein korrekt anzugeben. Im Beispiel lautet der Folgebaustein 1.1.2. Daher ist (Act_1_1_2_in) eingetragen.

Der Baustein-Typ „Selektion" enthält drei Entscheidungsoptionen (D1, D2, D3),
die die Geschichte auf unterschiedliche Weise weiterführen, um anschließend
zu einem gemeinsamen Ausgang (Dout) zu gelangen. Abb. 3.12 zeigt den Baustein-Typ „Selektion" als Ablaufdiagramm. Der dazugehörige Quellcode ist für den
Baustein 1.1.1 mit dem Nachfolger 1.1.2 geschrieben. Für sämtliche anderen Bausteine sind die gleichen Anpassungen vorzunehmen, wie sie beim Baustein-Typ
„Loop" beschrieben sind.

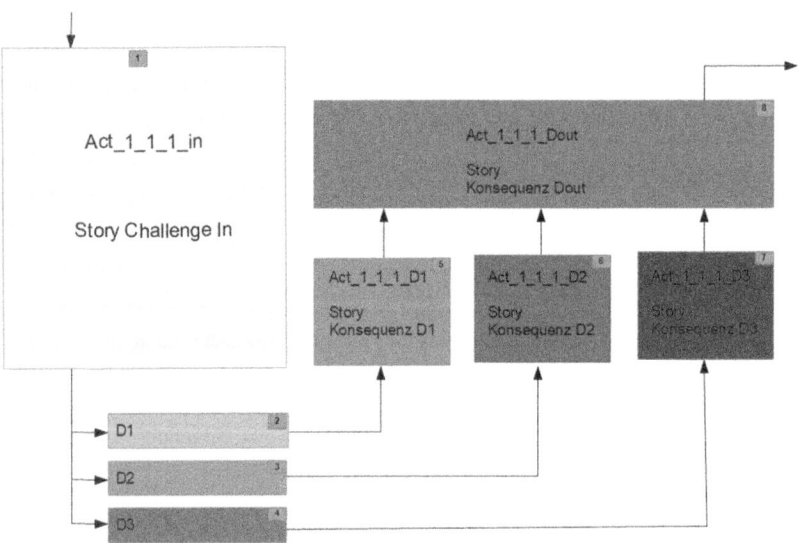

Abb. 3.12 Template des Baustein-Typs „Selektion" als Ablaufdiagramm. (Quelle: eigene
Darstellung)

Tab. 3.8 zeigt den Quellcode des Selektion-Template für den Baustein 1.1.1. Für die Anwendung dieses Templates auf einen anderen Baustein als 1.1.1 muss die Ziffernfolge entsprechend angepasst werden.

Der Baustein-Typ „Loop und Selektion" stellt eine Kombination der Bausteine Loop und Selektion dar. An einer Stelle (D1) kommt man zurück an einen Punkt in der Geschichte, um wiederum vor derselben Entscheidungssituation D1, D2 oder D3 zu stehen.

Tab. 3.8 Quellcode des „Selektion"-Templates für den Baustein 1.1.1. (Quelle: eigene Darstellung)

```
1   [[Act_1_1_1_in]]:
2
3   <!---------------- Action  ----------------->
4
5   Text Story Challenge In
6
7   + [[Text-D1]](Act_1_1_1_D1)<br>
8   + [[Text-D2]](Act_1_1_1_D2)<br>
9   + [[Text-D3]](Act_1_1_1_D3)<br>
10
11  [[Act_1_1_1_D1]]:
12
13  Text Story Konsequenz D1
14
15  + [[gehe weiter]](Act_1_1_1_Dout)<br>
16
17  [[Act_1_1_1_D2]]:
18
19  Text Story Konsequenz D2
20
21  + [[gehe weiter]](Act_1_1_1_Dout)<br>
22
23  [[Act_1_1_1_D3]]:
24
25  Text Story Konsequenz D3
26
27  + [[gehe weiter]](Act_1_1_1_Dout)<br>
28
29  [[Act_1_1_1_Dout]]:
30
31  Text Story Konsequenz Dout
32
33  <!---------------- Action  ----------------->
34
35  + [[gehe weiter]](Act_1_1_2_in)
```

In Abb. 3.13 ist Baustein-Typ „Loop und Selektion" als Ablaufdiagramm abgebildet. Der dazugehörige Quellcode findet sich in Tab. 3.9. Der Quellcode ist für den Baustein 1.1.1 mit dem Nachfolger 1.1.2 geschrieben. Für sämtliche anderen Bausteine sind die gleichen Anpassungen vorzunehmen, wie sie beim Baustein-Typ „Loop" beschrieben sind. Tab. 3.9 zeigt den Quellcode des „Loop und Selektion"-Templates für den Baustein 1.1.1. Für die Anwendung dieses Templates auf einen anderen Baustein als 1.1.1 muss die Ziffernfolge entsprechend angepasst werden.

Der Baustein-Typ „Aufbau" verfügt über drei Entscheidungsoptionen (D1, D2, D3). Wenn D1 gewählt wird, kommt der Spieler direkt weiter. Wenn die Option D2 angeklickt wird, wird über eine zusätzliche Stufe geführt. Wer sich für D3 entscheidet, benötigt zwei zusätzliche Stufen. Die in „Act_1_1_1_D1" befindliche Geschichte wird in jedem Fall durchlaufen.

In Abb. 3.14 ist der Baustein-Typ „Aufbau" als Ablaufdiagramm abgebildet. Der dazugehörige Quellcode findet sich in Tab. 3.10. Der Quellcode ist für den Baustein 1.1.1 mit dem Nachfolger 1.1.2 geschrieben. Für sämtliche anderen Bausteine sind die gleichen Anpassungen vorzunehmen, so wie sie beim

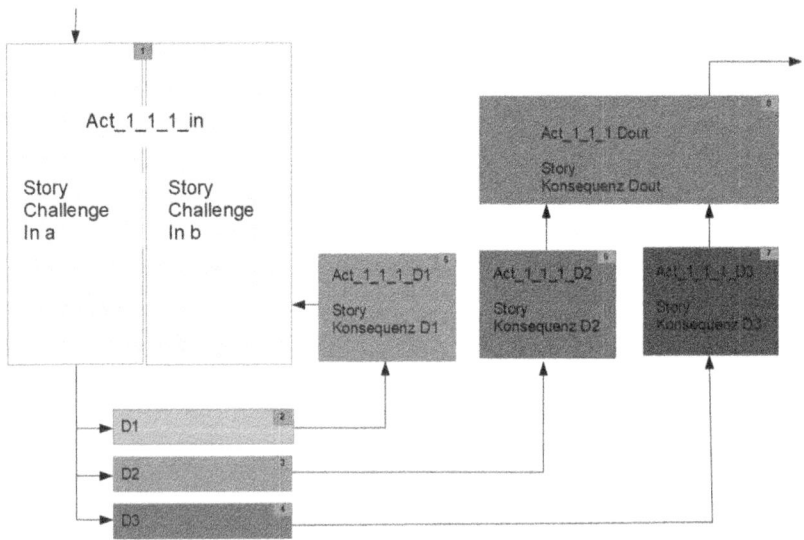

Abb. 3.13 Template des Baustein-Typs „Loop und Selektion" als Ablaufdiagramm. (Quelle: eigene Darstellung)

Tab. 3.9 Quellcode des „Loop und Selektion"-Templates für den Baustein 1.1.1. (Quelle: eigene Darstellung)

```
1    [[Act_1_1_1_in]]:
2
3    <!--------------- Action  ----------------->
4
5    @inc Label_1_1_1_in 1
6    {if Label_1_1_1_in=1:
7
8    Text Story Challenge In 1a
9
10   }
11   {else:
12
13   Text Story Challenge In 1b
14
15   }
16   + [[Text-D1]](Act_1_1_1_D1)<br>
17   + [[Text-D2]](Act_1_1_1_D2)<br>
18   + [[Text-D3]](Act_1_1_1_D3)<br>
19
20   [[Act_1_1_1_D1]]:
21
22   Text Story Konsequenz D1
23
24   + [[gehe weiter]](Act_1_1_1_in)
25
26
27   [[Act_1_1_1_D2]]:
28
29   Text Story Konsequenz D2
30
31   + [[gehe weiter]](Act_1_1_1_Dout)
32
33
34   [[Act_1_1_1_D3]]:
35
36   Text Story Konsequenz D3
37
38   + [[Gehe weiter]](Act_1_1_1_Dout)
39
40
41   [[Act_1_1_1_Dout]]:
42
43   Text Story Konsequenz Dout
44
45   <!--------------- Action  ----------------->
46
47   + [[gehe weiter]](Act_1_1_2_in)
```

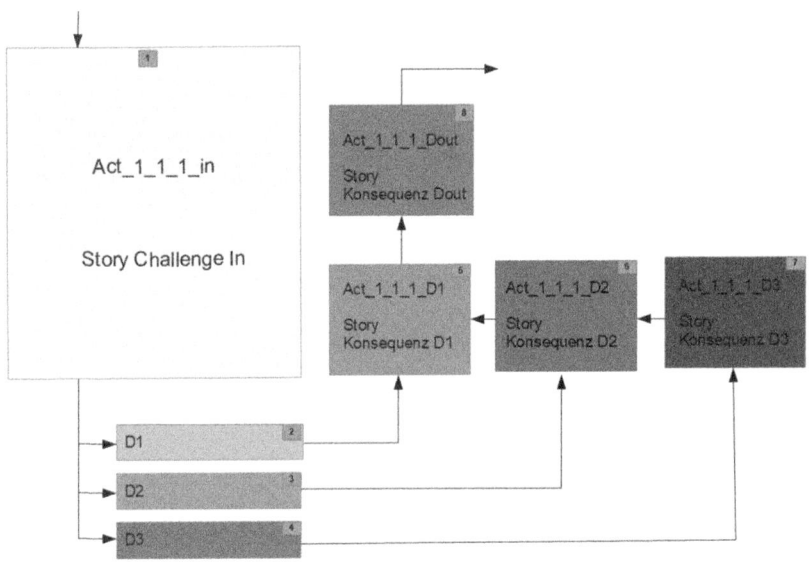

Abb. 3.14 Template des Baustein-Typs „Aufbau" als Ablaufdiagramm. (Quelle: eigene Darstellung)

Baustein-Typ „Loop" beschrieben sind. Tab. 3.10 zeigt den Quellcode des Aufbau-Templates für den Baustein 1.1.1. Für die Anwendung dieses Templates auf einen anderen Baustein als 1.1.1 muss die Ziffernfolge entsprechend angepasst werden.

Der Baustein-Typ „Optionale Kollaboration", der in Abb. 3.15 dargestellt wird, besitzt drei unterschiedliche Entscheidungswege, für die auch unterschiedliche Funktionen vorgesehen sind. Bei Wahl von D1 kommt man in eine Rückführung, bei D2 in eine Kollaborationsaktivität und bei D3 ohne Kollaborationsaktivität zum Ausgang. Beim Weg über D2 wird ein Key (Zahlen- oder Buchstabencode) benötigt, um im Spiel weiterzukommen. Dieser Key ist im Kollaborationsraum hinterlegt.

Abb. 3.15 zeigt Baustein-Typ „Optionale Kollaboration" als Ablaufdiagramm. Der dazugehörige Quellcode findet sich in Tab. 3.11. Der Quellcode ist für den Baustein 1.1.1 mit dem Nachfolger 1.1.2 geschrieben.

Tab. 3.10 Quellcode des „Aufbau"-Templates für den Baustein 1.1.1. (Quelle: eigene Darstellung)

1	[[Act_1_1_1_in]]:
2	
3	<!---------------- Action ----------------->
4	
5	Text Story Challenge In
6	
7	+ [[**Text-D1**]](Act_1_1_1_D1)
8	+ [[**Text-D2**]](Act_1_1_1_D2)
9	+ [[**Text-D3**]](Act_1_1_1_D3)
10	
11	[[Act_1_1_1_D1]]:
12	
13	Text Story Konsequenz D1
14	
15	+ [[gehe weiter]](Act_1_1_1_Dout)
16	
17	
18	[[Act_1_1_1_D2]]:
19	
20	Text Story Konsequenz D2
21	
22	+ [[gehe weiter]](Act_1_1_1_D1)
23	
24	[[Act_1_1_1_D3]]:
25	
26	Text Story Konsequenz D3
27	
28	+ [[gehe weiter]](Act_1_1_1_D2)
29	
30	[[Act_1_1_1_Dout]]:
31	
32	Text Story Konsequenz Dout
33	
34	<!---------------- Action ----------------->
35	
36	+ [[gehe weiter]](Act_1_1_2_in)

Bei Verwendung des Templates für den Baustein-Typ „Optionale Kollaboration" müssen jeweils folgende Anpassungen gemacht werden:

- Alle „_1_1_1"-Bezeichnungen sind durch die Ziffern des gewünschten Bausteins „Kapitel_Aufgabe_Baustein" zu ersetzen. Wenn der Baustein beispielsweise 2.4.3 lautet, wird „_1_1_1" durch „_2_4_3" ersetzt. Es handelt sich dann um den Baustein 2.4.3 mit Kapitelnummer 2, Aufgabennummer 4 und Bausteinnummer 3.

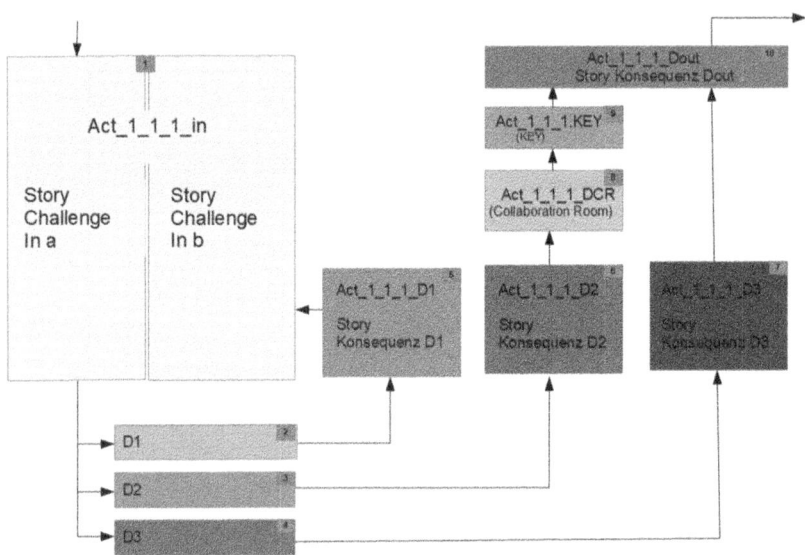

Abb. 3.15 Template des Baustein-Typs „Optionale Kollaboration" als Ablaufdiagramm. (Quelle: eigene Darstellung)

- Sämtliche Texte, die die Story, den Lerninhalt oder die Entscheidung betreffen, sind einzufügen. Die dafür vorgesehenen Stellen sind fett markiert.
- Die Felder „Action" auf Zeile 3 und 78 sind durch entsprechenden aktuellen Hinweis-Text zu ersetzen, z. B. „Paris", wenn die Geschichte dort stattfindet. Dies erleichtert später das Überprüfen des Quellcodes.
- In der letzten Zeile (hier 80) ist der Folgebaustein korrekt anzugeben. Im Beispiel lautet der Folgebaustein 1.1.2. Daher ist (Act_1_1_2_in) eingetragen.
- In Zeile 45 ist der Weblink zum Kollaborationsraum angeben – mit Ersetzen des bestehenden Links https://padlet.com/gamebook/t17tn3keuxtc durch einen aktuellen Link.
- Zeile 69: Angabe eines beliebigen Zahlen-Keys oder eines Textes in Hochklammern. Die Vorgabe enthält den Zahlen-Key 1234, dieser muss im Kollaborationsraum ebenfalls ersichtlich sein. Der Spieler muss den Key-Code dort einsehen können, sobald er die Kollaborationsaufgabe angeht. Beispiel eines Text-Keys ist „Timbuktu", der Spieler müsste dann also Timbuktu als Key eingeben, um weiterzukommen. Zahlencodes können beliebige ganze Zahlen sein wie z. B.: 27, 3218 oder 12.876.

Tab. 3.11 Quellcode des „Optionale Kollaboration"-Templates für den Baustein 1.1.1. (Quelle: eigene Darstellung)

```
1    [[Act_1_1_1_in]]:
2
3    <!---------------- Action  ---------------->
4
5    @inc Label_1_1_1_in 1
6    {if Label_1_1_1_in=1:
7
8    Text Story Challenge In 1a
9
10   }
11   {else:
12
13   Text Story Challenge In 1b
14
15   }
16   + [[Text-D1]](Act_1_1_1_D1)<br>
17   + [[Text-D2]](Act_1_1_1_D2)<br>
18   + [[Text-D3]](Act_1_1_1_D3)<br>
19
20   [[Act_1_1_1_D1]]:
21
22   Text Story Konsequenz D1
23
24   + [[Text-D1]](Act_1_1_1_in)<br>
25
26   [[Act_1_1_1_D2]]:
27
28   Text Story Konsequenz D2
29
30   + [[Text-D2]](Act_1_1_1_DCR)<br>
31
32   [[Act_1_1_1_D3]]:
33
34   Text Story Konsequenz D3
35
36   + [[Text-D3]](Act_1_1_1_Dout)<br>
37
38   [[Act_1_1_1_DCR]]:
39
40   Text Story Kollaborationsaufgabe
```

(Fortsetzung)

Tab. 3.11 (Fortsetzung)

41	
42	Im Kollaborationsraum findest du einen Key, das ist ein Schlüsselwort oder eine Schlüsselzahl, die du dir
43	merken musst.
44	Diesen Key benötigst du später, um weiter zu kommen.\
45	\<a href="https://padlet.com/gamebook/t17tn3keuxtc" target="_blank">Betrete den Kollaborationsraum
46	hier und merke dir den Key,
47	den du im Raum findest\</a>\
48	
49	+ [[wenn du die Aufgabe erledigt und den Key aufgeschrieben hast, kannst du
50	weitergehen]](Act_1_1_1_KEY)
51	
52	[[Act_1_1_1_KEY]]:
53	Drücke den Knopf unten, um den Key einzugeben:
54	
55	\<form name=myform>
56	\<input type=button value="KEY eingeben"
57	onClick="
58	jkey=prompt('Bitte KEY eingeben','deinkey');
59	">
60	\</form>
61	\
62	
63	+ [[gehe weiter]](Act_1_1_1_TestKey)
64	
65	[[Act_1_1_1_TestKey]]:
66	squiffy.set("skey_1_1_1", jkey)
67	
68	Du hast als Key: {skey_1_1_1} eingegeben
69	{if skey_1_1_1=**1234**: -> [[dein key ist korrekt, gehe hier weiter]](Act_1_1_1_Dout)\ \ } {else:
70	dein Key ist nicht korrekt,
71	du musst den korrekten Key im Kollaborationsraum nachsehen und nochmals eingeben \ \ -> [[gehe
72	hier weiter]](Act_1_1_1_DCR) }
73	
74	[[Act_1_1_1_Dout]]:
75	
76	Text Story Konsequenz Dout
77	
78	\<!--------------- Action ----------------->
79	
80	+ [[gehe weiter]](Act_1_1_2_in)

Der Baustein-Typ „Obligatorische Kollaboration" ist nahezu identisch mit dem Baustein-Typ „Optionale Kollaboration". Der Unterschied liegt lediglich darin, dass die Entscheidung D3 hier auch in den Kollaborationsraum führt. Es wird ein Key (Zahlen- oder Buchstaben-Code) benötigt, um im Spiel weiterzukommen. Dieser Key ist im Kollaborationsraum hinterlegt. Die Kollaborationsaktivität muss also auf jeden Fall (= obligatorisch) angegangen werden, um weiter zu kommen.

In Abb. 3.16 ist Baustein-Typ „Obligatorische Kollaboration" als Ablaufdiagramm abgebildet. Der dazugehörige Quellcode findet sich in Tab. 3.12. Der Quellcode ist für den Baustein 1.1.1 mit dem Nachfolger 1.1.2 geschrieben. Für

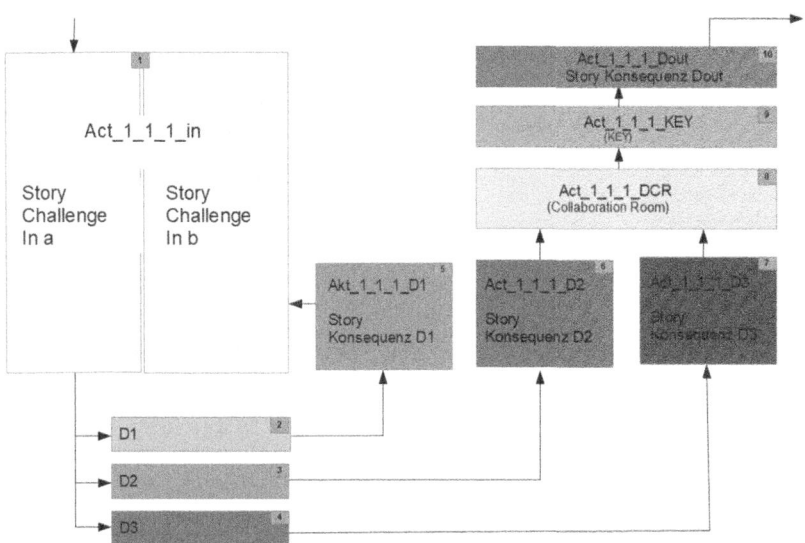

Abb. 3.16 Template des Baustein-Typs „Obligatorische Kollaboration" als Ablaufdiagramm. (Quelle: eigene Darstellung)

sämtliche anderen Bausteine sind die gleichen Anpassungen vorzunehmen, so wie sie beim Baustein-Typ „Optionale Kollaboration" beschrieben sind. Der angegebene Weblink ist ebenfalls durch einen aktuellen Link (https://padlet.com/gamebook/t17tn3keuxtc) zu ersetzen.

3.2.3   Automatisierte Erstellung mit dem Template-Generator

Beim Template-Generator handelt es sich um ein Programm, das die einzelnen Baustein-Typen in Form von funktionsfähigen Squiffy-Anweisungen im Textformat erstellt. Der generierte Textbaustein kann direkt in das Squiffy-Entwicklungsfenster eingefügt werden. Der Gamebook-Entwickler muss anschließend lediglich die Textkomponenten der Story sowie die Entscheidungstexte eingeben.

Das Template-Generator-Programm kann unter folgenden Link in Form einer gepackten ZIP-Datei heruntergeladen werden: http://www.gamebook.ch/dgb/templategenerator.zip. Es läuft ausschließlich auf allen Windows-Systemen

Tab. 3.12 Quellcode des „Obligatorische Kollaboration"-Templates für den Baustein 1.1.1. (Quelle: eigene Darstellung)

```
1    [[Act_1_1_1_in]]:
2
3    <!---------------- Action  ----------------->
4
5    @inc Label_1_1_1_in 1
6    {if Label_1_1_1_in=1:
7
8    Text Story Challenge In 1a
9
10   }
11   {else:
12
13   Text Story Challenge In 1b
14
15   }
16   + [[Text-D1]](Act_1_1_1_D1)<br>
17   + [[Text-D2]](Act_1_1_1_D2)<br>
18   + [[Text-D3]](Act_1_1_1_D3)<br>
19
20   [[Act_1_1_1_D1]]:
21
22   Text Story Konsequenz D1
23
24   + [[Text-D1]](Act_1_1_1_in)<br>
25
26   [[Act_1_1_1_D2]]:
27
28   Text Story Konsequenz D2
29
30   + [[Text-D2]](Act_1_1_1_DCR)<br>
31
32   [[Act_1_1_1_D3]]:
33
34   Text Story Konsequenz D3
35
36   + [[Text-D3]](Act_1_1_1_DCR)<br>
37
38   [[Act_1_1_1_DCR]]:
39
40   Text Story Kollaborationsaufgabe
```

(Fortsetzung)

Tab. 3.12   (Fortsetzung)

```
41
42   Im Kollaborationsraum findest du einen Key, das ist ein Schlüsselwort oder eine Schlüsselzahl,
43   die du dir merken musst.
44   Diesen Key benötigst du später, um weiter zu kommen.<br>
45   <a href="https://padlet.com/gamebook/t17tn3keuxtc" target="_blank">Betrete den
46   Kollaborationsraum hier und merke dir den Key,
47   den du im Raum findest</a><br>
48
49   + [[wenn du die Aufgabe erledigt und den Key aufgeschrieben hast, kannst du
50   weitergehen]](Act_1_1_1_KEY)
51
52   [[Act_1_1_1_KEY]]:
53   Drücke den Knopf unten, um den Key einzugeben:
54
55   <form name=myform>
56   <input type=button value="KEY eingeben"
57     onClick="
58     jkey=prompt('Bitte KEY eingeben','deinkey');
59     ">
60   </form>
61   <br>
62
63   + [[gehe weiter]](Act_1_1_1_TestKey)
64
65   [[Act_1_1_1_TestKey]]:
66     squiffy.set("skey_1_1_1", jkey)
67
68   Du hast als Key: {skey_1_1_1} eingegeben
69   {if skey_1_1_1=1234: -> [[dein key ist korrekt, gehe hier
70   weiter]](Act_1_1_1_Dout)<br><br>} {else: dein Key ist nicht korrekt,
71   du musst den korrekten Key im Kollaborationsraum nachsehen und nochmals eingeben
72   <br><br>-> [[gehe hier weiter]](Act_1_1_1_DCR) }
73
74   [[Act_1_1_1_Dout]]:
75
76   Text Story Konsequenz Dout
77
78   <!--------------- Action ---------------->
79
80   + [[gehe weiter]](Act_1_1_2_in)
```

(Windows ME, XP, 7, 8, 10 usw.). Damit man das Programm „templategenerator. exe" starten kann, muss zuerst die ZIP-Datei entpackt werden. Nach dem Entpacken entsteht ein Verzeichnis mit elf darin befindlichen Dateien. Bei Anklicken der Datei „templategenerator.exe" startet der Template-Generator.

Das Verzeichnis enthält neben dem EXE-Programm noch vier Libraries (.dll-Dateien) sowie sechs bereits vorgegebene Baustein-Textdateien. Zur Deinstallation des Programmes muss das gesamte Verzeichnis gelöscht werden.

Nach Öffnen des Programms „templategenerator.exe" erscheint die in Abb. 3.17 dargestellte Anzeige.

Abb. 3.17 Startanzeige des Template-Generators nach Öffnen der EXE-Datei.

Zur Erstellung des fertigen Gamebook-Bausteins sind folgende Schritte zu durchlaufen:

- **Baustein-Typ:** Angabe der entsprechenden Zahl von 1 (loop) bis 6 (obligatorische Kollaboration)
- **Aktion:** Nennung der Aktionsbezeichnung, wie z. B. Paris, wenn die Handlung des Bausteins in Paris stattfindet. Es müssen mindestens 3 Buchstaben eingegeben werden. Die ersten drei Buchstaben des Wortes werden für die Squiffy-Anweisungen verwendet, beispielsweise „Par" bei Eingabe von Paris. Mit der Return- oder Enter-Taste abschließen.
- **Kapitelnummer:** Eingabe der Kapitelnummer, in dessen Kapitel sich der Baustein befindet, und Drücken der Return- oder der Enter-Taste
- **Aufgabennummer:** Eingabe der Aufgabennummer, in dessen Aufgabe sich der Baustein befindet, und Drücken der Return- oder der Enter-Taste

---

Dieses Programm erzeugt einen der folgenden sechs Baustein-Typen:

Loop, Selektion, Loop und Selektion, Aufbau, optionale Kollaboration oder obligatorische Kollaboration

im Format Action_Kapitel_Aufgabe_Baustein

Beispiel: Act.1.3.2 als zweiter Baustein der dritten Aufgabe 3 im ersten Kapitel

Bitte wählen Sie den gewünschten Bausteintyp und geben Sie die dazugehörige Ziffer ein

1: Loop
2: Selektion
3: Loop und Selektion
4: Aufbau
5: Optionale Kollaboration
6: Obligatorische Kollaboration

Abb. 3.17 Startanzeige des Template-Generators nach Öffnen der EXE-Datei. (Quelle: eigene Darstellung)

- **Bausteinnummer:** Eingabe der Bausteinnummer des gewünschten Bausteins. Mit dieser Eingabe ist der gewünschte Baustein eindeutig festgelegt (z. B. 1.1.1 bedeutet: 1 für Kapitel, 1 für Aufgabe und 1 für Baustein)
- **Nachfolge-Aktion:** Nennung der Aktionsbezeichnung, z. B. London
- **Nachfolge-Kapitelnummer:** Nennung der Nachfolge-Kapitelnummer
- **Nachfolge-Aufgabennummer:** Nennung der Nachfolge-Aufgabennummer
- **Nachfolge-Bausteinnummer:** Nennung der Nachfolge-Bausteinnummer

Mit der Betätigung der Eingabetaste wird das Text-Template des gewünschten Bausteines in das angelegte Verzeichnis geschrieben, beispielsweise loop.txt. Die durch den Template-Generator erzeugten Dateien können direkt per „Copy und Paste" in das Entwicklungsfenster von Squiffy (linkes Fenster) eingefügt werden.

Es gibt eine weitere Möglichkeit, Story-Bausteine zu erzeugen, die der Kapitel-, Aufgaben- und Bausteinstruktur angepasst sind. Die sechs möglichen Baustein-Typen können als Template heruntergeladen und dann für den eigenen Gebrauch ausgestaltet werden. Die Templates können als Ganzes in gepackten ZIP-Dateien unter folgendem Weblink heruntergeladen werden: http://www.gamebook.ch/dgb/templates.zip.

Ebenso besteht die Möglichkeit, jedes Template einzeln herunterzuladen:

- http://www.gamebook.ch/dgb/templates/loop.txt
- http://www.gamebook.ch/dgb/templates/selektion.txt
- http://www.gamebook.ch/dgb/templates/loop+selektion.txt
- http://www.gamebook.ch/dgb/templates/aufbau.txt
- http://www.gamebook.ch/dgb/templates/opt-kollaboration.txt
- http://www.gamebook.ch/dgb/templates/obl-kollaboration.txt

Für die Ausgestaltung des Templates für den aktuellen Baustein sind nur zwei Schritte notwendig:

- Alle „Act_1_1_1"-Bezeichnungen werden durch die aktuellen Bezeichnungen des gewünschten Bausteins ersetzt. Zum Beispiel wird „Act_1_1_1" durch „Par_2_4_3" ersetzt, wenn der aktuelle Baustein in Par (für Paris) in Kap. 2, Aufgabe 4 und Baustein 3 handelt.
- Der Folgebaustein in der runden Klammer ist in der letzten Zeile unter „[[gehe weiter]](Act_1_1_2_in)" korrekt anzugeben. Zum Beispiel wird (Act_1_1_2_in) verwendet, wenn der nächste Baustein in Kap. 1 bei Aufgabe 1 und Baustein 2 weitergehen soll.

Schreib dein Gamebook – Handlungsanleitung zur Erstellung

4

Inhaltsverzeichnis

Zusammenfassung

Das vierte Kapitel unterteilt sich in drei Abschnitte. In Abschn. 4.1 erläutert beispielhaft die Vorgehensweise, die bei der Erstellung des digitalen Gamebooks angewendet wird. Anhand des einfachen Fallbeispiels „Kreuzfahrt zur Vertrauensformel" werden die sieben Schritte von der Einteilung des Lerninhalts und der Definition der Lernziele bis hin zur Veröffentlichung des Gamebooks dargestellt. Abschn. 4.2 behandelt weitergehende Gestaltungsmöglichkeiten eines digitalen Gamebooks in der Bildung. Die Grundlage dafür bildet ein einsemestriger Kurs mit dem Namen „Kolloquium zur Master-Thesis". Dieser Kurs wird von den Autoren mithilfe eines Gamebooks für Studierende an der Fernfachhochschule Schweiz durchgeführt. Abschn. 4.3 enthält abschließend einen Überblick sämtliche Weblinks und Quellcodes, die zur Anfertigung des eigenen digitalen Gamebooks benötigt werden.

© Springer Fachmedien Wiesbaden GmbH, ein Teil von Springer Nature 2018   137
B. Möslein-Tröppner und W. Bernhard, *Digitale Gamebooks in der Bildung*,
https://doi.org/10.1007/978-3-658-21349-7_4

4.1   Einfaches Beispiel „Kreuzfahrt zur Vertrauensformel"

Im Folgenden wird die Vorgehensweise zur Erstellung eines digitalen Gamebooks anhand des einfachen Beispiels „Kreuzfahrt zur Vertrauensformel" vorgestellt. Im Einzelnen handelt es sich um die folgenden sieben Schritte:

1. Schritt: Einteilung des Lerninhalts und Definition der Lernziele
2. Schritt: Festlegung des Story-Designs
3. Schritt: Bestimmung der spielrelevanten Elemente
4. Schritt: Strukturierung des Gamebooks mithilfe der Bausteinstruktur
5. Schritt: Schreiben des Story-Textes je Baustein und Zuteilung der Spielressourcen
6. Schritt: Erzeugung der Quellcodes je Baustein und Integration der Story-Texte
7. Schritt: Veröffentlichung des Gamebooks

Dem Fallbeispiel liegt folgender Sachverhalt zugrunde: In der Vertriebsabteilung eines Unternehmens wurde festgestellt, dass die Kunden dem Unternehmen seit einiger Zeit immer weniger Vertrauen entgegenbringen. Um das Vertrauen sichtbar zu machen, soll zukünftig mit der sogenannten Vertrauensformel gearbeitet werden. Dieser Ansatz von Maister et al. (2001) macht es möglich, das entgegengebrachte Vertrauen des Kunden zu messen. Die dazugehörige Formel lautet:

Vertrauen = (Glaubwürdigkeit + Zuverlässigkeit + Vertrautheit)/Eigeninteresse

Die vier Faktoren Glaubwürdigkeit, Zuverlässigkeit, Vertrautheit und Eigeninteresse legen mithilfe der genannten Formel die Vertrauenswürdigkeit des Unternehmens aus Sicht des Kunden fest. *Glaubwürdigkeit* beruht auf der Integrität des Unternehmens. Dabei geht um die Frage, ob es stimmt, was dem Kunden versprochen wird. *Zuverlässigkeit* meint die Tatsache, dass den versprochenen Worten die entsprechenden Taten folgen. Durch den Zuverlässigkeitsgrad wird also ausgedrückt, inwieweit sich der Kunde auf das Unternehmen verlassen kann. *Vertrautheit* drückt ein Gefühl der Nähe aus. Sie zeigt beispielsweise, ob die Kunden den Ansprechpartner persönlich kennen und sich verstanden fühlen. *Eigeninteresse,* das auch als Selbstorientierung bezeichnet wird, gibt an, inwieweit der jeweilige Vertriebsmitarbeiter auf seinen eigenen Vorteil bedacht ist. Es zeigt, wie hoch die Bereitschaft ist zu geben – ohne gleich auf die Verdienstmöglichkeiten zu schielen.
    Die Skalierung der einzelnen Faktoren kann beliebig gewählt werden. Häufig wird eine Skala von 1 bis 10 zugrunde gelegt. Dabei zeigt der Wert 10 eine starke und der Wert 1 eine geringe Ausprägung des jeweiligen Faktors an. Eine

hohe Vertrauenswürdigkeit liegt vor, wenn beispielsweise $(8 + 8 + 10)/2 = 13$ als Ergebnis erzielt wird. Anders sieht aus, wenn $(3 + 5 + 1)/3 = 3$ erreicht wird.

Die Erstellung des digitalen Gamebooks „Kreuzfahrt zur Vertrauensformel" erfolgt in sieben Schritten:

1. Schritt: Einteilung des Lerninhalts und Definition der Lernziele

Das Lernziel der Gamebook-Bildungsmaßnahme besteht darin, dass die Vertriebsmitarbeiter die Vertrauensformel kennen und anwenden können. Daraufhin erfolgt eine Unterteilung dieses Ziels in vier Lernziele mit dem entsprechenden Lerninhalt. Die einzelnen Lernziele gestalten sich folgendermaßen:
Der Lernende

- weiß, dass „Vertrauen" anhand bestimmter Kriterien messbar ist (Lernziel 1).
- kennt die Funktionsweise der Vertrauensformel (Lernziel 2).
- findet eine geeignete Skalierung für die Vertrauensformel (Lernziel 3).
- kann die Anwendung der Vertrauensformel zur Vertrauensmessung im Vertrieb anwenden (Lernziel 4).

2. Schritt: Festlegung des Story-Designs mit Handlungsstruktur, Story-Plot und Story-Setting
Im Lernziel wird gefordert, dass der Vertriebsmitarbeiter die Vertrauensformel kennenlernt und schlussendlich anwenden kann. In diesem Fall bietet sich „Die Suche" als *Story-Plot* an. Ziel der Story ist es, die Formel des Vertrauens zu finden und anzuwenden. Die Formel selbst ist Teil des zu vermittelnden Wissens.
Das *Story-Setting* kann frei gewählt werden. Der Spieler, der auch Lernender ist, stellt die Hauptperson in der Geschichte dar und erlebt diese aus der Ich-Perspektive. Er ist auf der Suche nach der Vertrauensformel. Das Setting beantwortet in erster Linie die Fragen „Wo und wann spielt die Geschichte?" und „Was passiert mit wem in der Geschichte?". Hier ist grundsätzlich alles möglich, was sich der menschliche Geist an real existierenden Erlebten oder fantastisch erfundenem Fiktiven vorstellen kann. Zum Beispiel könnte der Hauptdarsteller von außerirdischen Aliens entführt werden, die für eigene Zwecke hinter das Geheimnis des menschlichen Vertrauens kommen wollen. Der Hauptdarsteller könnte auch Aushilfslehrer sein, der seinen Schülern etwas über Vertrauen beibringen muss, selbst aber keine große Ahnung davon hat. Nehmen wir für dieses Beispiel nun folgendes relativ einfaches Setting an: „Der Hauptdarsteller ist Vertriebsleiter einer Produktionsfirma für Solarzellen und macht derzeit Ferien auf einem Kreuzfahrtschiff. Er macht sich Gedanken über die Vertrauenskultur in seiner Firma

und sucht nach Möglichkeiten, das Vertrauen allgemein zu messen und irgendwie auszudrücken. Entspannung und freies Denken findet er an der Schiffsbar auf dem Oberdeck. Dort unterhält er sich mit Gästen und kommt einer Lösung immer näher …"

Aus der Ich-Perspektive hört sich dies in Kurzform dann folgendermaßen so an: „Du bist auf einem Kreuzfahrtschiff und grübelst über deine Problemstellung nach. An der Schiffsbar suchst du etwas Ablenkung und kommst dabei ins Gespräch mit einem Gast, von dem du unerwartet Hilfe erhältst … dein geistiges Abenteuer beginnt!"

Die Geschichte soll der *Handlungsstruktur* „Ausgangssituation – Konflikt und Herausforderung – Steigerung – Lösung und Abschluss" folgen. Da die vorliegende Geschichte relativ kurz ist und sich nur über wenige Story-Bausteine erstreckt, soll diese mit der Ausgangssituation anfangen und mit den erwähnten Elementen in einem einzigen Spannungsbogen zum Abschluss kommen. Bei längeren Geschichten kann die Struktur der Geschichte auch aus mehreren Spannungsbögen bestehen.

3. Schritt: Bestimmung der spielrelevanten Elemente „Spielziel", „Spielressourcen" und „spielerische Herausforderungen"

Das Spielziel ist erreicht, wenn der Spieler die Aufgabe gelöst hat, in diesem Fall also die gesuchte Vertrauensformel erfolgreich gefunden und angewendet hat. Damit wäre die Aufgabe zwar gelöst. Da wir uns aber in einer Geschichte befinden, muss die Lösung in die Geschichte integriert werden. Sie muss also auch einen sinnvollen Beitrag für die Geschichte liefern und nicht einfach nur die Formel anzeigen – in diesem Fall beispielsweise dadurch, dass der Spieler mit der Vertrauensformel das Vertrauen der Kunden in seine Firma wieder steigern kann.

Die Spielressource ist frei wählbar. Sie stellt dem Spieler spielerische Herausforderungen in den Weg und entscheidet darüber, wie gut dieser abgeschnitten hat. Dies könnte beispielsweise so aussehen: „Du startest mit zehn Gutscheinen für Drinks an der Schiffsbar. Je nachdem, wie gut deine Überlegungen sind, erhältst du weitere Gutscheine oder musst eigene Gutscheine für gute Hinweise einlösen." Wie viele Gutscheine der Spieler am Schluss aufweisen kann, zeigt demnach, wie gut er das Spiel bewältigt hat.

Bei kleineren Geschichten, wie in diesem Beispiel, genügt es, die spielerischen Herausforderungen über die Spiel-Ressourcen abzuwickeln. Für längere Storys können zusätzliche spielerische Herausforderungen eingefügt werden, wie zum Beispiel: „Der Hauptdarsteller hat den Hinweis erhalten, dass der Schiffsmaschinist einen wichtigen Tipp zur Lösung seines Problems beitragen kann. Auf dem Weg in den Maschinenraum steht er vor einer Tür, die einen Öffnungs-Code benötigt. Das Tüfteln beginnt!"

4. Schritt: Strukturierung des Gamebooks mithilfe der Bausteinstruktur

Wie in Schritt 1 festgelegt, werden vier Lernziele verfolgt. Für jedes Lernziel wird ein eigener Baustein angelegt. Jeder Baustein ist durch folgende Bestandteile definiert:

- Bausteinnummer (Kapitel, Aufgabe, Baustein)
- Vorgänger-Baustein
- Nachfolger-Baustein
- Baustein-Typ (Loop, Selektion, Loop und Selektion, Aufbau, Obligatorische Kollaboration, Optionale Kollaboration)
- Lernziel
- Thema des Lerninhalts
- Wissensdimension des Lernziels
- Kognitive Prozessdimension des Lernziels
- Teil der Story (Ausgangssituation, Konflikt und Herausforderung, Steigerung, Lösung und Abschluss)
- Spielressource (Geld, Zeit, Gutschein u. a.)

Die Wahl des Baustein-Typs je Baustein hängt davon ab, wie das Wissen vermittelt werden soll. Es stellt sich die Frage, ob es nur einen Entscheidungsweg oder mehrere Möglichkeiten geben soll. Zudem soll der Spieler eine gewisse Abwechslung erleben, sodass er nicht abschätzen kann, was ihn als Nächstes erwartet. In der Regel weiß der Spieler nicht, dass das Gamebook in erlebnisreicher Form bereits mit sechs grundlegenden Bausteinen aufgebaut werden kann. Selbst wenn der Spieler die Bausteine kennt, kann er bei entsprechender Abwechslung nicht abschätzen, welche Spielwege zu welchem Ergebnis führen werden.

Für den Baustein 1.1.1 wird der Baustein-Typ „Loop" sowie für 1.1.2 „Selektion", für 1.1.3 „Aufbau" und 1.1.4 „Selektion" gewählt. Da es sich beim Fallbeispiel „Die Vertrauensformel" um ein einfaches Beispiel handelt, werden lediglich Bausteine ohne kollaborative Elemente verwendet.

Für die vier Bausteine ergeben sich die in den Tab. 4.1, 4.2, 4.3 und 4.4 dargestellten Bestandteile.

Die Abb. 4.1, 4.2 und 4.3 zeigen die Ablaufstruktur der Template-Bausteine für die drei verwendeten Baustein-Typen „Loop", „Selektion" und „Aufbau".

Tab. 4.1 Baustein 1.1.1 des Fallbeispiels „Die Vertrauensformel". (Quelle: Eigene Darstellung)

Vorgänger-Baustein	Start
Nachfolger-Baustein	1.1.2
Baustein-Typ	Loop
Lernziel	Der Lernende weiß, dass Vertrauen anhand bestimmter Kriterien messbar ist
Thema des Lerninhalts	Neben der intuitiven Festlegung des Vertrauensgrades bzw. der Vertrauenswürdigkeit gibt es eine Formel, die Vertrauen misst
Wissensdimension	Konzeptuell
Kognitive Prozessdimension	Evaluieren bzw. bewerten
Teil der Story (Action)	Ausgangssituation
Spielressource	Getränke-Gutschein „G"; bis zu drei Gutschein-Verluste sind möglich

Tab. 4.2 Baustein 1.1.2 des Fallbeispiels „Die Vertrauensformel". (Quelle: Eigene Darstellung)

Vorgänger-Baustein	1.1.1
Nachfolger-Baustein	1.1.3
Baustein-Typ	Selektion
Lernziel	Der Lernende kennt die Funktionsweise der Vertrauensformel
Thema des Lerninhalts	Zusammensetzung und Wirkungszusammenhang der Vertrauensformel
Wissensdimension	Prozedural
Kognitive Prozessdimension	Analysieren
Teil der Story (Action)	Konflikt, Herausforderung
Spielressource	Getränke-Gutschein „G", ein Gutschein-Verlust ist möglich

Tab. 4.3 Baustein 1.1.3 des Fallbeispiels „Die Vertrauensformel". (Quelle: Eigene Darstellung)

Vorgänger-Baustein	1.1.2
Nachfolger-Baustein	1.1.4
Baustein-Typ	Aufbau
Lernziel	Der Lernende findet eine geeignete Skalierung für die Vertrauensformel
Thema des Lerninhalts	Skalierung der Formel-Bestandteile Glaubwürdigkeit, Zuverlässigkeit, Beziehung und Eigeninteresse
Wissensdimension	Fakten
Kognitive Prozessdimension	Anwenden
Teil der Story (Action)	Steigerung
Spielressource	Getränke-Gutschein „G", zwei Gutscheine sind möglich

Tab. 4.4 Baustein 1.1.4 des Fallbeispiels „Die Vertrauensformel". (Quelle: Eigene Darstellung)

Vorgänger-Baustein	1.1.3
Nachfolger-Baustein	Ende
Baustein-Typ	Selektion
Lernziel	Der Lernende kann die Anwendung der Vertrauensformel zur Vertrauensmessung im Vertrieb anwenden
Thema des Lerninhalts	Einsatzgebiet der Vertrauensformel im Vertriebsbereich des Unternehmens
Wissensdimension	Konzeptionell
Kognitive Prozessdimension	Anwenden
Teil der Story (Action)	Lösung und Abschluss
Spielressource	Getränke-Gutschein „G", ein Gutschein-Verlust bzw. -Gewinn ist möglich

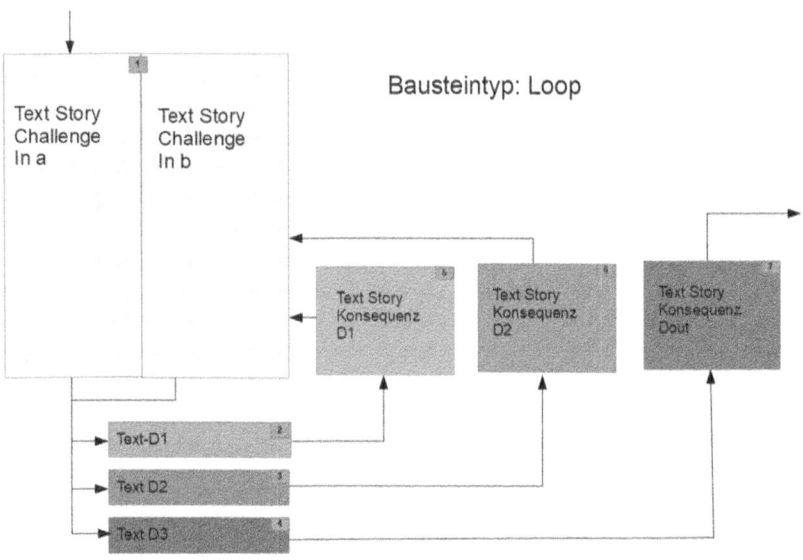

Abb. 4.1 Ablaufstruktur des Baustein-Typs „Loop" als Template. (Quelle: Eigene Darstellung)

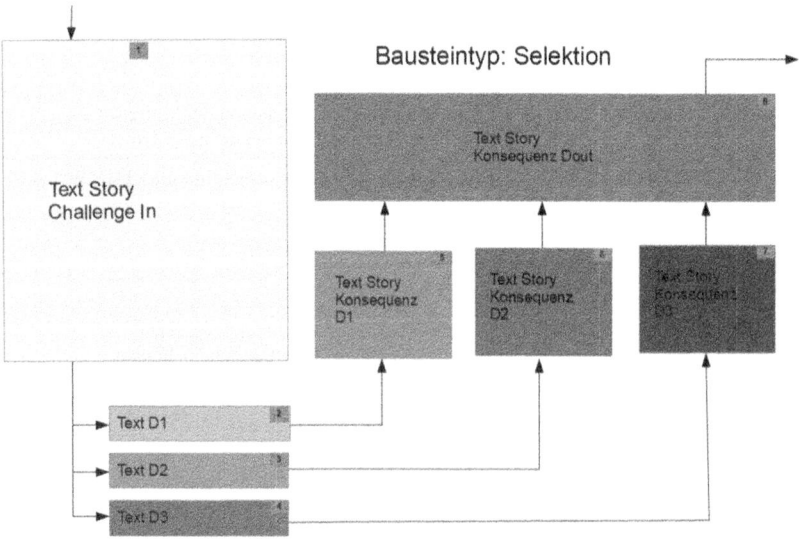

Abb. 4.2 Ablaufstruktur des Baustein-Typs „Selektion" als Template. (Quelle: Eigene Darstellung)

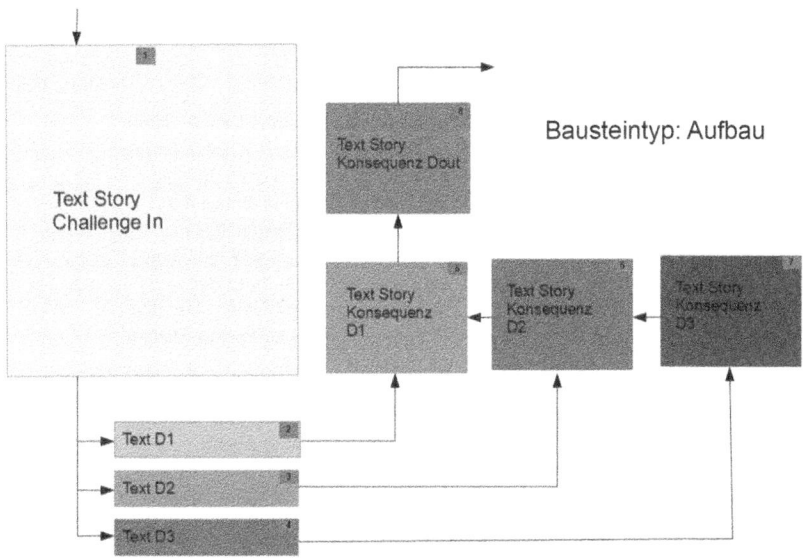

Abb. 4.3 Ablaufstruktur des Baustein-Typs „Aufbau" als Template. (Quelle: Eigene Darstellung)

5. Schritt: Schreiben des Story-Textes je Baustein und Zuteilung der Spielressourcen

Als Nächstes ist der Story-Text für den jeweiligen Baustein-Typ zu schreiben und die Spielressourcen sind an den entsprechenden Stellen einzufügen. Die Ausgestaltung des Bausteins 1.1.1 mit dem Baustein-Typ „Loop" findet sich in Tab. 4.5, 4.6, 4.7 und 4.8.

6. Schritt: Erzeugung der Quellcodes je Baustein und Integration der Story-Texte

Der Quellcode (ohne den Story-Text) kann entweder mithilfe des Template-Generators oder anhand der vorgegebenen Template-Dateien erzeugt werden. Soll der Template-Generators genutzt werden, muss zuerst das Programm template-generator.exe mit den Angaben des jeweiligen Bausteins gestartet werden. Wenn beispielsweise der Baustein-Typ „Loop" gewählt wird, ist folgende Auswahl zu treffen: Baustein = Loop, Action = Ausgangssituation, Kapitel = 1, Aufgabe = 1, Baustein = 1 und für den Folgebaustein Action = Konflikt, Kapitel = 1, Aufgabe = 1, Baustein = 2. Dabei wird die Datei loop.txt im Verzeichnis der

Tab. 4.5 Story-Text des Bausteins 1.1.1 im Baustein-Typ „Loop". (Quelle: Eigene Darstellung)

Textstelle	Storytext	Gutschein
Text Story Challenge In a	Du bist auf einem Kreuzfahrtschiff und grübelst über deine Problemstellung nach. Endlich hast du zwei Wochen Ferien und kannst dich etwas erholen. Trotzdem lassen dich die Gedanken an deine Kunden nicht los. Du möchtest das Vertrauen deiner Kunden in deine Firma erhöhen. An der Schiffsbar auf dem Oberdeck suchst du etwas Ablenkung – schließlich besitzt du zehn Gutscheine für diese Bar –, als du plötzlich von deinem Nachbar angesprochen wirst: „Du scheinst nicht so entspannt, wie man das auf einem solchen Schiff erwarten würde, kann ich dir helfen?" Etwas aufgeschreckt antwortest du: „Willkommen an Bord, Pit". Es ist Pit, der dich angesprochen hat, ihr habt euch bereits beim Einchecken kennengelernt. Als du ihm deine Problemstellung erläuterst, fragt Pit plötzlich:„Wie beurteilst du denn deine Situation hinsichtlich einer Lösung?" Du denkst kurz nach und gibst Pit folgende Antwort:	
Text Story Challenge In b	Wiederum fragt dich Pit, wie du die Situation nun beurteilst: Du bist jetzt etwas schlauer, und antwortest:	
Text-D1	Vertrauen kann man nicht kaufen, darauf muss ich aufbauen	
Text-D2	Vertrauen ist etwas Intuitives, man kann es nicht messen	
Text-D3	Vertrauen könnte man vielleicht anhand bestimmter Kriterien messen und daraufhin verbessern	
Text Story Konsequenz D1	Pit meint dazu: „Das ist korrekt, aber es bringt dich nicht weiter." Du antwortest Pit: „Ich diskutiere gerne weiter mit dir, hier hast du einen Getränke-Gutschein, dein Glas ist ja schon leer."	−1
Text Story Konsequenz D2	Pit meint dazu: „Aber auch deine Intuition beurteilt anhand von Kriterien, die du vielleicht nicht bewusst kennst." Du antwortest Pit: „Das hört sich spannend an, ich möchte gerne unser Gespräch mit dir fortsetzen, hier hast du schon mal zwei Getränke-Gutscheine, einen für das jetzige Getränk und einen für das nächste."	−2
Text Story Konsequenz Dout	„Gute Idee", antwortet Pit und fährt fort: „Wenn man ein paar Kriterien hätte, könnte man damit eine Formel entwickeln."	

Tab. 4.6 Story-Text des Bausteins 1.1.2 im Baustein-Typ „Selektion". (Quelle: Eigene Darstellung)

Textstelle	Storytext	Gutschein
Text Story Challenge In	Während du noch in Gedanken vertieft bist, fährt Pit fort: „Ich habe mal etwas darüber gelesen, ich glaube es waren vier Elemente. Soweit ich mich erinnern kann, waren es Glaubwürdigkeit, Zuverlässigkeit, Vertrautheit und Eigeninteresse, mit denen dein Gegenüber beurteilen sollst. Wenn wir dafür die Anfangsbuchstaben der Elemente nehmen, also G, Z, V und E – dann könnte man eine Formel damit bauen." Kaum gesagt, entwickelst du ein paar Formeln, und hältst diese Pit vor die Nase – dieser antwortet: „Ich kann mich nicht mehr so genau daran erinnern, aber sag, welche der Formeln macht denn für dich am meisten Sinn?" Du entscheidest dich für:	
Text-D1	Vertrauen $= (G + Z + V)/E$	
Text-D2	Vertrauen $= G + Z + V - E$	
Text-D3	Vertrauen $= (G \times Z \times V)/E$	
Text Story Konsequenz D1	Pit erwidert: „Das Eigeninteresse des Vertrauenspartners spielt eine große Rolle. Je kleiner dieses wahrgenommen wird, desto mehr handelt der Partner in deinem Sinne, was wiederum das Vertrauen vergrößert. Die anderen Elemente haben aufbauenden Charakter, kann gut sein, dass erst mal ein Element einen Wert annimmt – beispielsweise die Zuverlässigkeit – und die anderen dabei noch Null sind. Im Laufe der Zeit können aber auch Glaubwürdigkeit und Vertrautheit eigene Werte annehmen und das Vertrauen vergrößern."	
Text Story Konsequenz D2	Pit erwidert: „Ich verstehe von Mathematik nicht allzu viel, aber diese Formel scheint mir falsch zu sein. Da das Eigeninteresse von der Summe der anderen Elemente abgezogen wird, könnte es passieren, dass das Vertrauen bei großem „E" sogar negative Werte annimmt. Das wollen wir aber nicht, oder?" „Da hast du Recht", lautet deine Antwort. Und sogleich fährst du fort: „Ich kann diesen Fehler korrigieren, indem ich die Formel folgendermaßen umstelle: $(G + Z + V)/E$. Danke für den Tipp, Pit – du hast dir einen Drink verdient, hier ist ein Gutschein von mir dafür."	−1

(Fortsetzung)

Tab. 4.6 (Fortsetzung)

Textstelle	Storytext	Gutschein
Text Story Konsequenz D3	Pit erwidert: „Ich verstehe von Mathematik nicht allzu viel, aber diese Formel scheint mir falsch zu sein. Wenn eines der Elemente G, Z oder V den Wert Null hat, ist das Vertrauen ebenso Null. Ich glaube eher daran, dass man Vertrauen langsam aufbauen muss. Es kann gut sein, dass erst mal ein Element einen Wert annimmt – beispielsweise die Zuverlässigkeit – und die anderen dabei noch Null sind. Im Laufe der Zeit können aber auch Glaubwürdigkeit und Vertrautheit eigene Werte annehmen und das Vertrauen vergrößern." „Da hast du Recht", lautet deine Antwort. Und sogleich fährst du fort: „Ich kann diesen Fehler korrigieren, indem ich die Formel folgendermaßen umsteller den Tipp, Pit – du hast dir einen Drink verdient, hier ist ein Gutschein von mir dafür."	−1
Text Story Konsequenz Dout	Pit spielt an seinem Smartphone herum, nach einer Weile meldet er sich zu Wort: „Ich habe soeben die Vertrauensformel, die ich mal im Kopf hatte, aus dem Internet wiedergefunden. Sie stammt von den Autoren David H. Maister, Charles H. Green und Robert M. Galford, welche darüber ein Buch unter dem Titel *The Trusted Advisor* geschrieben haben. Ihre Formel lautet: Vertrauen = (Glaubwürdigkeit + Zuverlässigkeit + Beziehung)/Selbstorientierung. Es ist genau die Formel, die wir nun wiederentdeckt haben! Die Selbstorientierung entspricht dabei unserem Element Eigeninteresse und Beziehung unserem Element Vertrautheit. Treffen wir uns morgen wieder?", fragt Pit und entschuldigt sich dabei gleich dafür, dass er nicht länger bleiben kann. Seine Frau wartet bereits auf ihn. „Ok", erwiderst du. „Am besten gleich an der Poolbar im Heck unseres Schiffes. Sagen wir 14:00 Uhr?" – „Prima", erwidert Pit. „Bis morgen also."	

Programmdatei erzeugt. Diese Datei enthält den vorbereiteten Quellcode im Textformat für das Squiffy-Programm. Das Programm templategenerator.exe für Windows-Systeme lässt sich unter http://www.gamebook.ch/dgb/templategenerator.zip downloaden.

Per Download lassen sich unter http://www.gamebook.ch/dgb/templates.zip die jeweiligen Templates herunterladen. Die ZIP-Datei muss entpackt werden,

Tab. 4.7 Story-Text des Bausteins 1.1.3 im Baustein-Typ „Aufbau". (Quelle: Eigene Darstellung)

Textstelle	Storytext	Gutschein
Text Story Challenge In	Am nächsten Tag scheint die Sonne, du bist ausgeruht und freust dich auf einen entspannten Tag. Um 14:00 bist du pünktlich an der Poolbar, wo du Pit erwartest. Mittlerweile sind 30 min vergangen, aber immer noch ist Pit nicht sichtbar. Plötzlich spürst du eine Hand auf deiner Schulter und als du dich umdrehst, siehst du ein bekanntes Gesicht. Es ist Samantha, eine Mitarbeiterin deiner Firma. Sie begrüßt dich und fährt fort: „Schön, dich hier zu sehen, wir haben wohl zufällig dasselbe Schiff zur Erholung ausgesucht!" Du freust dich ebenfalls und erwiderst: „Hallo Samantha, ich habe gestern noch an dich gedacht und schon bist du hier. Du weißt doch, ich möchte gegenüber den Kunden eine Vertrauenskultur aufbauen." Dann erzählst du ihr, wie du mit Pit eine Formel gefunden hast. Samantha fragt dich, wie sich diese Formel wohl am besten einsetzen lässt. Du erklärst ihr Folgendes:	
Text-D1	Du definierst einfach eine beliebige eigene Skala	
Text-D2	Du schätzt Prozentwerte ab, wobei jedes Element maximal 100 % haben kann	
Text-D3	Die Formel dient nur zum Verständnis und lässt keine konkreten Berechnungen zu, da man die Einzelwerte nicht messen kann	
Text Story Konsequenz D1	Samantha fährt fort: „Eine Skala muss ja nicht unbedingt in Prozenten abgewickelt werden, es kann auch etwas sein, wo jedes Element einen Wert von 1 bis 10 haben kann. Das ist einfacher zu beurteilen." Dann klingelt das Telefon an der Poolbar, es ist Pit, er verkündet: „Sorry, dass ich die Verabredung nicht einhalten konnte. Ich habe eine Magenverstimmung und liege im Bett. Ich habe dir aber zwei Gutscheine an der Poolbar hinterlegen lassen, sodass du dir etwas auf meine Kosten gönnen kannst."	+2
Text Story Konsequenz D2	Samantha fährt fort: „Wenn wir jeden Wert mit 0 bis 100 Prozent annehmen, kann man schon beginnen, eigene Vorstellungen mit der Formel zu verwirklichen. Das Eigeninteresse „E" darf allerdings nicht Null sein, da eine Division durch Null nicht möglich ist."	

(Fortsetzung)

Tab. 4.7 (Fortsetzung)

Textstelle	Storytext	Gutschein
Text Story Konsequenz D3	Samantha äußert sich: „Aber bei einer Formel lassen sich doch immer Werte einsetzen, wir können doch einfach mal mit etwas beginnen." „Gute Idee", sagst du. „Ich lade dich gerne zu einem Drink ein, hier ist ein Gutschein dafür."	−1
Text Story Konsequenz Dout	Du bedankst dich bei Pit für seine Gutscheine und erklärst ihm, dass du dich mit Samantha in guter Gesellschaft befindest. In der Zwischenzeit hat Samantha bereits ein paar Berechnungen durchgeführt. Sie erklärt dir soeben: „Wenn ich die Formel $V = ((G + Z + V)/E) * 10/3$ nehme, dann erhalte ich für das maximale Vertrauen bei $G = Z = V = 10$ und $E = 1$ den Vertrauenswert 100. Aber wenn ich dann das Eigeninteresse auf 2 setze, erhalte ich bereits nur noch 50 als Resultat. Der Einfluss von E scheint mir enorm zu sein, außerdem stört es mich, dass ich als Eigeninteresse nicht Null einsetzen kann – weil dann die Formel ausflippt." „Entschuldigung, dass ich mich einmische", flüstert der Barkeeper der Poolbar. „Aber ihr habt mein Interesse geweckt. Ich heiße Leonhard und bin Mathematiker." „Tolle Sache!", flüsterst du zurück. „Hast du einen guten Tipp, was unsere Formel betrifft?" „Ja klar", sagt dieser. „Ihr dürft den Wert des Eigeninteresses „E" einfach nicht auf Null setzen. Die eingesetzte Skala muss immer mit eins beginnen. Hervorragend eignet sich deshalb eine Skala zwischen 1 und 10."	

danach ist die Datei loop.txt in einem Textbearbeitungsprogramm (zum Beispiel MS-Word oder Open Office) zu öffnen und alle „Act"-Textteile durch „Loesung" oder „Loe" zu ersetzen (Kapitel, Aufgabe und Baustein sind bereits alle auf 1 gesetzt, was unserer Startsituation entspricht. Ebenso ist der nächste Baustein schon korrekt auf Kap. 1, Aufgabe 1 und Baustein 2 gesetzt.). Anderfalls müsste man diese Werte mit Suchen und Ersetzen auf die gewünschten Werte einstellen oder einfach von Hand korrigieren. Diese Datei enthält dann den vorbereiteten Quellcode im Textformat für das Squiffy-Programm.

Sobald der Squiffy-Quellcode generiert ist, muss man sich unter http://textad-ventures.co.uk einloggen, um ein neues Squiffy-Gamebook unter „Create" – „My Games" – „Create a new Squiffy game" zu erzeugen. Nachdem die neu erzeugten Quellcode-Texte im Entwicklungsfenster (linkes Squiffy-Fenster) eingegeben sind, sind die vorhergehenden Story-Teile entsprechend einzufügen.

Tab. 4.8   Story-Text des Bausteins 1.1.4 im Baustein-Typ „Selektion". (Quelle: Eigene Darstellung)

Textstelle	Storytext	Gutschein
Text Story Challenge In	„Wunderbar!", erwiderst du und bedankst dich nochmals für den guten Tipp. Dann möchte Samantha von dir wissen, wie man diese Formel praktisch einsetzen kann. Nach kurzer Überlegung erklärst du Folgendes:	
Text-D1	Die Mitarbeiter werden durch die Vertrauensformel motiviert	
Text-D2	Die Vertrauensformel kann relative Veränderungen erkennbar machen	
Text-D3	Man kann sehen, wo Verbesserungen möglich wären	
Text Story Konsequenz D1	Samantha meint dazu: „Ich weiß nicht, ob eine Formel ausreicht, um Mitarbeiter zu motivieren." „Da hast du sicherlich Recht", meinst du und fährst fort: „Deine ehrliche Antwort ist mir einen Gutschein wert, hier ist er – du kannst damit einen Drink deiner Wahl bestellen."	−1
Text Story Konsequenz D2	Samantha meint dazu: „Ein guter Ansatz, wir müssen ja nur wissen, ob es Vertrauenselemente gibt, die gegenüber der letzten Erhebung zu- oder abgenommen haben. Das können wir damit leicht erkennen." Gerne möchte dich Samantha nun zu einem Drink einladen, sie überreicht dir sogleich einen Gutschein	+1
Text Story Konsequenz D3	Samantha meint dazu: „Ein guter Ansatz, aufgrund der Zahlen sieht man ja sicher, welches Element nahe 1 ist und welches bereits eine 10 erreicht hat." Gerne möchte dich Samantha nun zu einem Drink einladen, sie überreicht dir sogleich einen Gutschein	+1

(Fortsetzung)

Tab. 4.8 (Fortsetzung)

Textstelle	Storytext	Gutschein
Text Story Konsequenz Dout	Jetzt geht dir ein Licht auf, ganz aufgeregt sprichst du zu Samantha: „Jetzt habe ich die Idee, wie wir weiter verfahren können. Wir starten mit einer Skala von 1 bis 10 für jedes der Elemente Glaubwürdigkeit (G), Zuverlässigkeit (Z), Vertrautheit (V) und Eigeninteresse (E) und machen eine Erhebung dazu. Dann sehen wir uns die Resultate an und bestimmen, was wir als Nächstes im Sinne einer Verbesserung angehen wollen. Nach einem halben Jahr wiederholen wir das Ganze und vergleichen die Resultate. Wie findest du das?" Du spürst soeben eine Hand auf deiner Schulter und von hinten spricht eine Stimme zu dir: „Ich habe dir zugehört und finde deinen Plan super!" Als du dich umdrehst, erkennst du Pit. „Hey Pit", sagst du, „ich freue mich, dass du wieder auf den Beinen bist." Und Pit erwidert: „Weißt du, ich habe auch viele Kunden und wenn ich wieder zu Hause bin, werde ich auch ein Vertrauensprojekt machen. Die Sache begeistert mich." Du hast dein Problem nun gelöst und beginnst, deine Ferien entspannt zu genießen. Über das, was man unter den Begriffen Glaubwürdigkeit, Zuverlässigkeit, Vertrautheit und Eigeninteresse verstehen kann, wirst du erst nach deinen Ferien ein kleines Projekt durchführen. ENDE der Story	

Es empfiehlt sich, als Erstes den ersten Baustein (noch ohne Storytext) im Squiffy-Entwicklungsfenster einzugeben, diesen dann mit den Story-Texten zu versehen und dann den Ablauf zu prüfen. Wenn dieser korrekt funktioniert, kann der nächste Baustein (noch ohne Story-Text) unten im Squiffy-Entwicklungsfenster hinzugefügt werden und ebenfalls mit den entsprechenden Story-Texten versehen werden. So entwickelt sich Baustein für Baustein das gesamte Gamebook.

In den Tab. 4.9, 4.10, 4.11 und 4.12 finden sich jeweils die Squiffy-Quellcodes für die entsprechenden Beispiele. Abschließend ist die Anweisung @title „Kreuzfahrt zur Vertrauensformel" in die erste Zeile des Entwicklungsfensters einzutragen, sowie die Bewertung in den untersten Zeilen ganz am Schluss zu erstellen.

Tab. 4.9 Squiffy-Quellcode des Bausteins 1.1.1 mit Story-Text und Gutschein-Berechnung. (Quelle: Eigene Darstellung)

```
1    @title Kreuzfahrt zur Vertrauensformel
2    @set Gutschein = 10
3
4    [[Starte die Kreuzfahrt hier]](Aus_1_1_1_in)
5
6    [[Aus_1_1_1_in]]:
7
8    <!---------------- Ausgangssituation ----------------->
9
10   @inc Label_1_1_1_in 1
11   {if Label_1_1_1_in=1:
12
13   Du bist auf einem Kreuzfahrtschiff und grübelst über deine Problemstellung nach. Endlich hast du
     zwei Wochen Ferien und kannst dich etwas erholen. Trotzdem lassen dich die Gedanken an deine
     Kunden nicht los. Du möchtest das Vertrauen deiner Kunden in deine Firma erhöhen. An der
     Schiffsbar auf dem Oberdeck suchst du etwas Ablenkung – schließlich besitzt du zehn Gutscheine für
     diese Bar –, als du plötzlich von deinem Nachbar angesprochen wirst: „Du scheinst nicht so entspannt,
     wie man das auf einem solchen Schiff erwarten würde, kann ich dir helfen?"
14
15   Etwas aufgeschreckt antwortest du: „Willkommen an Bord, Pit". Es ist Pit, der dich angesprochen hat,
     ihr habt euch bereits beim Einchecken kennengelernt.
16   Als du ihm deine Problemstellung erläuterst, fragt Pit plötzlich:
17   „Wie beurteilst du denn deine Situation hinsichtlich einer Lösung?"
18   Du denkst kurz nach und gibst Pit folgende Antwort: }
19
20   {else:
21
22   Wiederum fragt dich Pit, wie du die Situation nun beurteilst:
23   Du bist jetzt etwas schlauer, und antwortest:}
24
25   + [[Vertrauen kann man nicht kaufen, darauf muss ich aufbauen]](Aus_1_1_1_D1)<br>
26   + [[Vertrauen ist etwas Intuitives, man kann es nicht messen]](Aus_1_1_1_D2)<br>
27   + [[Vertrauen könnte man anhand bestimmter Kriterien messen und daraufhin
     verbessern]](Aus_1_1_1_Dout)<br>
28
29   [[Aus_1_1_1_D1]].
30   @dec Gutschein 1
31
32   Pit meint dazu: „Das ist korrekt, aber es bringt dich nicht weiter."
33   Du antwortest Pit: „Ich diskutiere gerne weiter mit dir, hier hast du einen Getränke-Gutschein, dein
     Glas ist ja schon leer."
34
35   + [[gehe weiter]](Aus_1_1_1_in)<br>
36
37   [[Aus_1_1_1_D2]]:
38   @dec Gutschein 2
39
40   Pit meint dazu: „Aber auch deine Intuition beurteilt anhand von Kriterien, die du vielleicht nicht
     bewusst kennst."
41   Du antwortest Pit: „Das hört sich spannend an, ich möchte gerne unser Gespräch mit dir fortsetzen,
     hier hast du schon mal zwei Getränke-Gutscheine, einen für das jetzige Getränk und einen für das
42   nächste."
43
44   + [[gehe weiter]](Aus_1_1_1_in)<br>
45
46   [[Aus_1_1_1_Dout]]:
47
     „Gute Idee", antwortet Pit und fährt fort: „Wenn man ein paar Kriterien hätte, könnte man damit eine
48   Formel entwickeln."
49
50   <!---------------- Ausgangssituation ----------------->
51
52   + [[gehe weiter]](Kon_1_1_2_in)
53
```

Tab. 4.10 Squiffy-Quellcode des Bausteins 1.1.2 mit Story-Text und Gutschein-Berechnung. (Quelle: Eigene Darstellung)

54	[[Kon_1_1_2_in]]:
55	
56	<!---------------- Konflikt ----------------->
57	
58	Während du noch in Gedanken vertieft bist, fährt Pit fort: „Ich habe mal etwas darüber gelesen, ich glaube es waren vier Elemente, soweit ich mich erinnern kann, waren es Glaubwürdigkeit, Zuverlässigkeit, Vertrautheit und Eigeninteresse, welche du von deinem Gegenüber beurteilen musst. Wenn wir dafür die Anfangsbuchstaben der Elemente nehmen, also G, Z, V und E, dann könnte man eine Formel damit bauen.
59	
60	Kaum gesagt, entwickelst du ein paar Formeln, und hältst diese Pit vor die Nase – dieser antwortet:
61	
62	„Ich kann mich nicht mehr so genau daran erinnern, aber sag, welche der Formeln macht denn für dich am meisten Sinn?“
63	
64	Du entscheidest dich für:
65	
66	+ [[Vertrauen = (G + Z + V) / E]](Kon_1_1_2_D1)
67	+ [[Vertrauen = G + Z + V – E]](Kon _1_1_2_D2)
68	+ [[Vertrauen = (G x Z x V) / E]](Kon _1_1_2_D3)
69	
70	[[Kon _1_1_2_D1]]:
71	
72	Pit erwidert: „Das Eigeninteresse des Vertrauenspartners spielt eine große Rolle. Je kleiner dieses wahrgenommen wird, desto mehr handelt der Partner in deinem Sinne, was wiederum das Vertrauen vergrößert. Die anderen Elemente haben aufbauenden Charakter, kann gut sein, dass erst mal ein Element einen Wert annimmt – beispielsweise die Zuverlässigkeit – und die anderen dabei noch Null sind. Im Laufe der Zeit können aber auch Glaubwürdigkeit und Vertrautheit eigene Werte annehmen und das Vertrauen vergrößern.“
73	
74	+ [[gehe weiter]](Kon _1_1_2_Dout)
75	
76	[[Kon _1_1_2_D2]]:
77	@dec Gutschein 1
78	
79	Pit erwidert: „Ich verstehe von Mathematik nicht allzu viel, aber diese Formel scheint mir falsch zu sein. Da das Eigeninteresse von der Summe der anderen Elemente abgezogen wird, könnte es passieren, dass das Vertrauen bei großem „E“ sogar negative Werte annimmt. Das wollen wir aber nicht, oder?“
80	
81	„Da hast du Recht“, lautet deine Antwort. Und sogleich fährst du fort: „Ich kann diesen Fehler korrigieren, indem ich die Formel folgendermaßen umstelle: (G + Z + V) / E.“
82	
83	„Danke für den Tipp, Pit – du hast dir einen Drink verdient, hier ist ein Gutschein von mir dafür.“
84	
85	+ [[gehe weiter]](Kon _1_1_2_Dout)
86	
87	[[Kon _1_1_2_D3]]:
88	@dec Gutschein 1
89	
90	Pit erwidert: „Ich verstehe von Mathematik nicht allzu viel, aber diese Formel scheint mir falsch zu sein. Wenn eines der Elemente G, Z oder V den Wert Null hat, ist das Vertrauen ebenso Null. Ich glaube eher daran, dass man Vertrauen langsam aufbauen muss. Es kann gut sein, dass erst mal ein Element einen Wert annimmt – beispielsweise die Zuverlässigkeit – und die anderen dabei noch Null sind. Im Laufe der Zeit können aber auch Glaubwürdigkeit und Vertrautheit eigene Werte annehmen und das Vertrauen vergrößern.“
91	„Da hast du Recht“, lautet deine Antwort. Und sogleich fährst du fort: „Ich kann diesen Fehler korrigieren, indem ich die Formel folgendermaßen umstelle: (G + Z + V) / E.“
92	
93	„Danke für den Tipp, Pit – du hast dir einen Drink verdient, hier ist ein Gutschein von mir dafür.“
94	
95	+ [[gehe weiter]](Kon _1_1_2_Dout)

(Fortsetzung)

Tab. 4.10 (Fortsetzung)

96	
97	[[Kon _1_1_2_Dout]]:
98	
99	Pit spielt an seinem Smartphone herum, nach einer Weile meldet er sich zu Wort: „Ich habe soeben die Vertrauensformel, die ich mal im Kopf hatte, aus dem Internet wiedergefunden. Sie stammt von den Autoren David H. Maister, Charles H. Green und Robert M. Galford, welche darüber ein Buch unter dem Titel *The Trusted Advisor* geschrieben haben.
100	
101	Ihre Formel lautet: Vertrauen = (Glaubwürdigkeit + Zuverlässigkeit + Beziehung) / Selbstorientierung.
102	Es ist genau die Formel, die wir nun wiederentdeckt haben! Die Selbstorientierung entspricht dabei unserem Element Eigeninteresse und die Beziehung unserem Element Vertrautheit."
103	
104	
105	„Treffen wir uns morgen wieder?", fragt Pit und entschuldigt sich dabei gleich dafür, dass er nicht länger bleiben kann. Seine Frau wartet bereits auf ihn.
106	
107	„Ok", erwiderst du. „Am besten gleich an der Poolbar im Heck unseres Schiffes. Sagen wir 14:00
108	Uhr?"
109	
110	„Prima", erwidert Pit. „Bis morgen also."
111	
112	<!--------------- Konflikt ---------------->
113	
114	+ [[gehe weiter]](Ste_1_1_3_in)
115	

7. Schritt: Veröffentlichung des Gamebooks

Das entwickelte und in Squiffy getestete Gamebook *Kreuzfahrt zur Vertrauensformel* wird im letzten Schritt veröffentlicht.

Folgende drei Möglichkeiten stehen dafür zur Verfügung:

- **Kostenfreie Veröffentlichung auf dem Squiffy-Server:** Die Veröffentlichung auf einem Server von textadventures.co.uk ist kostenfrei. Diese Möglichkeit steht allen registrierten Squiffy-Benutzern zur Verfügung. Zur Registrierung ist lediglich eine E-Mail-Adressangabe, ein selbst gewählter Username und ein selbst gewähltes Passwort notwendig.
- **Veröffentlichung auf einem eigenen Server:** Diese Möglichkeit steht allen Benutzern zur Verfügung, welche über eine eigene Webseite verfügen.
- **Veröffentlichung als HTML-Gamebook zum lokalen Gebrauch:** Bei dieser Möglichkeit wird das Gamebook als ZIP-Datei auf ein Gerät heruntergeladen und dort lokal gespielt. Dies hat den Vorteil, dass eine Online-Verbindung nicht nötig ist.

Abschließend finden sich die für dieses Fallbeispiel relevanten Dateien zum Download unter den nachfolgenden Links:

Tab. 4.11 Squiffy-Quellcode des Bausteins 1.1.3 mit Story-Text und Gutschein-Berechnung. (Quelle: Eigene Darstellung)

116	[[Ste_1_1_3_in]]:
117	
118	<!---------------- Steigerung ----------------->
119	
120	Am nächsten Tag scheint die Sonne, du bist ausgeruht und freust dich auf einen entspannten Tag. Um 14:00 bist du pünktlich an der Poolbar, wo du Pit erwartest. Mittlerweile sind 30 Minuten vergangen, aber immer noch ist Pit nicht sichtbar.
121	
122	Plötzlich spürst du eine Hand auf deiner Schulter und als du dich umdrehst, siehst du ein bekanntes Gesicht. Es ist Samantha, eine Mitarbeiterin deiner Firma. Sie begrüßt dich und fährt fort: „Schön, dich hier zu sehen, wir haben wohl zufällig dasselbe Schiff zur Erholung ausgesucht!"
123	
124	Du freust dich ebenfalls und erwiderst: „Hallo Samantha, ich habe gestern noch an dich gedacht und schon bist du hier. Du weißt doch, ich möchte gegenüber den Kunden eine Vertrauenskultur aufbauen." Dann erzählst du ihr, wie du mit Pit eine Formel gefunden hast.
125	
126	Dann fragt dich Samantha, wie sich diese Formel wohl am besten einsetzen lässt.
127	Du erklärst ihr folgendes:
128	
129	+ [[Du definierst einfach eine beliebige eigene Skala.]](Ste_1_1_3_D1)
130	+ [[Du schätzt Prozentwerte ab, wobei jedes Element maximal 100 Prozent haben kann.]](Ste_1_1_3_D2)
131	+ [[Die Formel dient nur zum Verständnis und lässt keine konkreten Berechnungen zu, da man die Einzelwerte nicht messen kann.]](Ste_1_1_3_D3)
132	
133	[[Ste_1_1_3_D1]]:
134	@inc Gutschein 2
135	
136	Samantha fährt fort: „Eine Skala muss ja nicht unbedingt in Prozenten abgewickelt werden, es kann auch etwas sein, wo jedes Element einen Wert von 1 bis 10 haben kann. Das ist einfacher zu beurteilen."
137	
138	Dann klingelt das Telefon an der Poolbar, es ist Pit, er verkündet: „Sorry, dass ich die Verabredung nicht einhalten konnte. Ich habe eine Magenverstimmung und liege im Bett. Ich habe dir aber zwei Gutscheine an der Poolbar hinterlegen lassen, sodass du dir etwas auf meine Kosten gönnen kannst."
139	
140	+ [[gehe weiter]](Ste_1_1_3_Dout)
141	
142	[[Ste_1_1_3_D2]]:
143	
144	Samantha fährt fort: „Wenn wir jeden Wert mit 0 bis 100 Prozent annehmen, kann man schon beginnen, eigene Vorstellungen mit der Formel zu verwirklichen. Das Eigeninteresse „E" darf allerdings nicht Null sein, da eine Division mit Null nicht möglich ist."
145	
146	+ [[gehe weiter]](Ste_1_1_3_D1)
147	
148	[[Ste_1_1_3_D3]]:
149	@dec Gutschein 1
150	
151	Samantha äußert sich: „Aber bei einer Formel lassen sich doch immer Werte einsetzen, wir können doch einfach mal mit etwas beginnen."
152	
153	„Gute Idee", sagst du. „Ich lade dich gerne zu einem Drink ein, hier ist ein Gutschein dafür."
154	
155	+ [[gehe weiter]](Ste_1_1_3_D2)
156	
157	[[Ste_1_1_3_Dout]]:
158	
159	Du bedankst dich bei Pit für seine Gutscheine und erklärst ihm, dass du dich mit Samantha in guter Gesellschaft befindest.
160	
161	In der Zwischenzeit hat Samantha bereits ein paar Berechnungen durchgeführt. Sie erklärt dir soeben:
162	

(Fortsetzung)

Tab. 4.11 (Fortsetzung)

163	„Wenn ich die Formel V=((G + Z + V)/E) * 10/ 3 nehme, dann erhalte ich für das maximale Vertrauen bei G = Z = V = 10 und E = 1 den Vertrauenswert 100. Aber wenn ich dann das Eigeninteresse auf 2 setze, erhalte ich bereits nur noch 50 als Resultat. Der Einfluss von E scheint mir enorm zu sein, außerdem stört es mich, dass ich als Eigeninteresse nicht Null einsetzen kann – weil dann die Formel ausflippt."
164	
165	„Entschuldigung, dass ich mich einmische", flüstert der Barkeeper der Poolbar, „aber ihr habt mein Interesse geweckt. Ich heiße Leonhard und bin Mathematiker."
166	
167	„Tolle Sache!", flüsterst du zurück, „hast du einen guten Tipp, was unsere Formel betrifft?"
168	
169	„Ja klar", sagt dieser. „Ihr dürft den Wert des Eigeninteresses „E" einfach nicht auf Null setzen. Die eingesetzte Skala muss immer mit eins beginnen. Hervorragend eignet sich deshalb eine Skala zwischen eins und zehn."
170	
171	<!---------------- Steigerung ----------------->
172	
173	+ [[gehe weiter]](Loc_1_1_4_in)
174	
175	

- Squiffy-Quellcode des gesamten Gamebooks *Kreuzfahrt zur Vertrauensformel* in den Formaten .squiffy und .txt
  http://www.gamebook.ch/dgb/quellcode-kreuzfahrt.squiffy
  http://www.gamebook.ch/dgb/quellcode-kreuzfahrt.txt
- Gamebook *Kreuzfahrt zur Vertrauensformel* als ZIP-Datei
  http://www.gamebook.ch/dgb/kreuzfahrt.zip
- Template-Generator
  http://www.gamebook.ch/dgb/templategenerator.zip
- Templates aller Baustein-Typen
  http://www.gamebook.ch/dgb/templates.zip
- Ablaufdiagramme und Baustein-Entwicklungstabellen aller Baustein-Templates
  http://www.gamebook.ch/dgb/entwicklung-bausteine.zip

Das Gamebook *Kreuzfahrt zur Vertrauensformel* kann hier online gespielt werden:

- http://www.gamebook.ch/dgb/kreuzfahrt

Tab. 4.12 Squiffy-Quellcode des Bausteins 1.1.3 mit Story-Text und Gutschein-Berechnung. (Quelle: Eigene Darstellung)

176	[[Loe_1_1_4_in]]:
177	
178	<!--------------- Loesung ---------------->
179	
180	„Wunderbar!", erwiderst du und bedankst dich nochmals für den guten Tipp.
181	
182	Dann möchte Samantha von dir wissen, wie man diese Formel praktisch einsetzen kann.
183	
184	Nach kurzer Überlegung erklärst du Folgendes:
185	
186	+ [[Die Mitarbeiter werden durch die Vertrauensformel motiviert]](Loe_1_1_4_D1)
187	+ [[Die Vertrauensformel kann relative Veränderungen erkennbar machen]](Loe_1_1_4_D2)
188	+ [[Man kann sehen, wo Verbesserungen möglich wären]](Loe_1_1_4_D3)
189	
190	[[Loe_1_1_4_D1]]:
191	@dec Gutschein 1
192	
193	Samantha meint dazu: „Ich weiß nicht, ob eine Formel ausreicht, um Mitarbeiter zu motivieren."
194	
195	„Da hast du sicherlich Recht", meinst du und fährst fort: „Deine ehrliche Antwort ist mir einen Gutschein wert, hier ist er – du kannst damit einen Drink deiner Wahl bestellen."
196	
197	+ [[gehe weiter]](Loe_1_1_4_Dout)
198	
199	[[Loe_1_1_4_D2]]:
200	@inc Gutschein 1
201	
202	Samantha meint dazu: „Ein guter Ansatz, wir müssen ja nur wissen, ob es Vertrauenselemente gibt, die gegenüber der letzten Erhebung zu- oder abgenommen haben. Das können wir damit leicht erkennen."
203	
204	Gerne möchte dich Samantha nun zu einem Drink einladen, sie überreicht dir sogleich einen Gutschein.
205	
206	+ [[gehe weiter]](Loe_1_1_4_Dout)
207	
208	[[Loe_1_1_4_D3]]:
209	@inc Gutschein 1
210	
211	Samantha meint dazu: „Ein guter Ansatz, aufgrund der Zahlen sieht man ja sicher, welches Element nahe Null ist und welches bereits eine 10 erreicht hat."
212	
213	Gerne möchte dich Samantha nun zu einem Drink einladen, sie überreicht dir sogleich einen Gutschein.
214	
215	+ [[gehe weiter]](Loe_1_1_4_Dout)
216	
217	[[Loe_1_1_4_Dout]]:
218	
219	Jetzt geht dir ein Licht auf, ganz aufgeregt sprichst du zu Samantha:
220	
221	„Jetzt habe ich die Idee, wie wir weiter verfahren können. Wir starten mit einer Skala von 1 bis 10 für jedes der Elemente Glaubwürdigkeit (G), Zuverlässigkeit (Z), Vertrautheit (V) und Eigeninteresse (E) und machen eine Erhebung dazu. Dann sehen wir uns die Resultate an und bestimmen, was wir als Nächstes im Sinne einer Verbesserung angehen wollen. Nach einem halben Jahr wiederholen wir das Ganze und vergleichen die Resultate.
222	
223	Wie findest du das?"
224	
225	Du spürst soeben eine Hand auf deiner Schulter und von hinten spricht eine Stimme zu dir: „Ich habe dir zugehört und finde deinen Plan super!" Als du dich umdrehst, erkennst du Pit.
226	

(Fortsetzung)

Tab. 4.12   (Fortsetzung)

227	„Hey Pit", sagst du. „Ich freue mich, dass du wieder auf den Beinen bist." Und Pit erwidert: „Weißt du, ich habe auch viele Kunden und wenn ich wieder zu Hause bin, werde ich auch ein Vertrauensprojekt machen. Die Sache begeistert mich."
228	
229	
230	Du hast dein Problem nun gelöst und beginnst, deine Ferien entspannt zu genießen. Über das, was man unter den Begriffen Glaubwürdigkeit, Zuverlässigkeit, Vertrautheit und Eigeninteresse verstehen kann, wirst du erst nach deinen Ferien ein kleines Projekt durchführen.
231	
232	
233	\<button>ENDE der Story\</button>\
234	
235	{if Gutschein<10:
236	Du hast nun noch {Gutschein} Gutscheine, das ist akzeptabel – du darfst dich nun \Vertrauensformel-Sachbearbeiter\ nennen.}
237	
238	{if Gutschein=10:
239	Du hast immer noch deine 10 Gutscheine, das ist gut – du darfst dich nun \Vertrauensformel-Spezialist\ nennen.}
240	
241	{if Gutschein>10:
242	Du hast mittlerweile {Gutschein} Gutscheine, also mehr als zu Beginn deiner Kreuzfahrt – das ist sehr gut! Du darfst dich nun \Vertrauensformel-Experte\ nennen.}
243	
244	\<!--------------- Loesung ----------------->
245	
246	

4.2   Weitergehendes Beispiel „In 150 Tagen zur Master-Thesis"

Digitale Gamebooks können nicht nur für begrenzte Stoffgebiete, sondern auch für komplexe Kurse verwendet werden. Dieser Teil befasst sich mit einem digitalen kollaborativen Gamebook, das von den Autoren für die Hochschullehre entwickelt wurde und seitdem an der Fernfachhochschule Schweiz (FFHS) im Einsatz ist. Anhand dieses Fallbeispiels sollen die einzelnen Komponenten eingehender erläutert und weitergehende Gestaltungsmöglichkeiten des digitalen kollaborativen Gamebooks aufgezeigt werden.

Dem Fallbeispiel liegt folgender Sachverhalt zugrunde: Die Studierenden fertigen während des letzten Studiensemesters ihre Master-Thesis an. Im Zuge dessen durchlaufen sie die einsemestrige Lehrveranstaltung „Kolloquium zur Master-Thesis". Das dazugehörige Modul ist in fünf Blöcke aufgeteilt und liefert den Masteranden laufende Informationen für die Erstellung ihrer Thesis. Damit einhergehend spielen die Masteranden das digitale Gamebook „In 150 Tagen zur Master-Thesis", das analog zu den fünf Blöcken in fünf Kapitel aufgeteilt ist.

Exemplarisch wird der erste Block bzw. das erste Kapitel herausgegriffen und im Folgenden unter den Aspekten „Lernziel, Lerninhalt und Wissensvermittlung", „Story", „Spiel" und „Digitalisierung" näher beleuchtet. Parallel dazu besteht die

Möglichkeit, das erste Kapitel dieses Gamebooks unter folgendem Link http://www.gamebook.ch/dgb/master/in-150-tagen-1 zu spielen.

Grundsätzlich ist festzuhalten, dass die Wissensbestandteile auf der einen und die Story-/Spielbestandteile auf der anderen Seite getrennt voneinander ausgearbeitet werden können. Dadurch besteht die Möglichkeit der Entwicklung mit unterschiedlichen Personen: Eine Person beschäftigt sich in dem Fall ausschließlich mit den Wissenskomponenten, eine andere Person integriert diese Komponenten anschließend in eine spielbasierte Story.

„Lernziel, Lerninhalte und Wissensvermittlung" leiten sich aus dem übergeordneten Lernziel ab, dass folgendermaßen lautet: Das Lernziel des ersten Kapitels ist die Erstellung der Disposition sowie eines Zeitplans für die Anfertigung der Thesis. Die Disposition stellt einen Entwurf bzw. eine kurze Beschreibung des wissenschaftlichen Vorhabens dar. Aufgabe einer Disposition ist es zum einen, eine Beschreibung der Ziele und der Vorgehensweise zu erstellen. Zum anderen soll die Disposition sicherstellen, dass der Verfasser sich bereits vor Beginn der Anfertigung mit der spezifischen Themenstellung auseinandergesetzt hat.

Abb. 4.4 gibt einen Überblick über den gesamten Lerninhalt des ersten Kapitels. Insgesamt ist der Lerninhalt in neun Aufgaben unterteilt, die wiederum aus einem bis fünf Bausteinen bestehen. In Summe ergeben sich 18 Bausteine. Jeder der Bausteine verfügt über ein eigenes Lernziel mit eigenem Lerninhalt. Jedes Lernziel ist gemäß der erweiterten Bloomschen Taxonomie strukturiert.

Insgesamt finden sich zwei Bausteine mit Kollaborationstätigkeiten (siehe Aufgabe 1.3 und 1.4). Da der Kurs im Blended-Learning-Verfahren durchgeführt wird, erfolgt die Behandlung der Ergebnisse aus den Kollaborationsaktivitäten in den Präsenzveranstaltungen. Das bedeutet, dass der Studierende immer ca. vier Wochen Zeit hat, um die Tätigkeiten bis zur kommenden Präsenzveranstaltung vorzubereiten und die Ergebnisse dort zu besprechen.

Der Lernende, der zugleich Spieler ist, befindet sich im Gamebook auf einer Reise um die Welt. Er lernt dabei, wie er eine erfolgreiche Disposition zu seiner Master-Thesis erstellen kann. Dem Spieler wird gleich zu Beginn des Gamebooks erklärt, um was es auf dieser Reise geht, mit welchen Ressourcen er ausgestattet ist und welches Wissen er sich aneignen soll. Alle dazu notwendigen Unterrichtsmaterialien wie Leitfäden und Ratgeber sind im Gamebook integriert. Der Lernende kann diese Materialien an der entsprechenden Stelle im Gamebook per Weblink aufrufen und direkt einsehen.

Der nachfolgende Text gibt einen Überblick über die Lernziele und den Arbeitsaufwand, der zu der Erreichung der einzelnen Lernziele (= Orte) für den

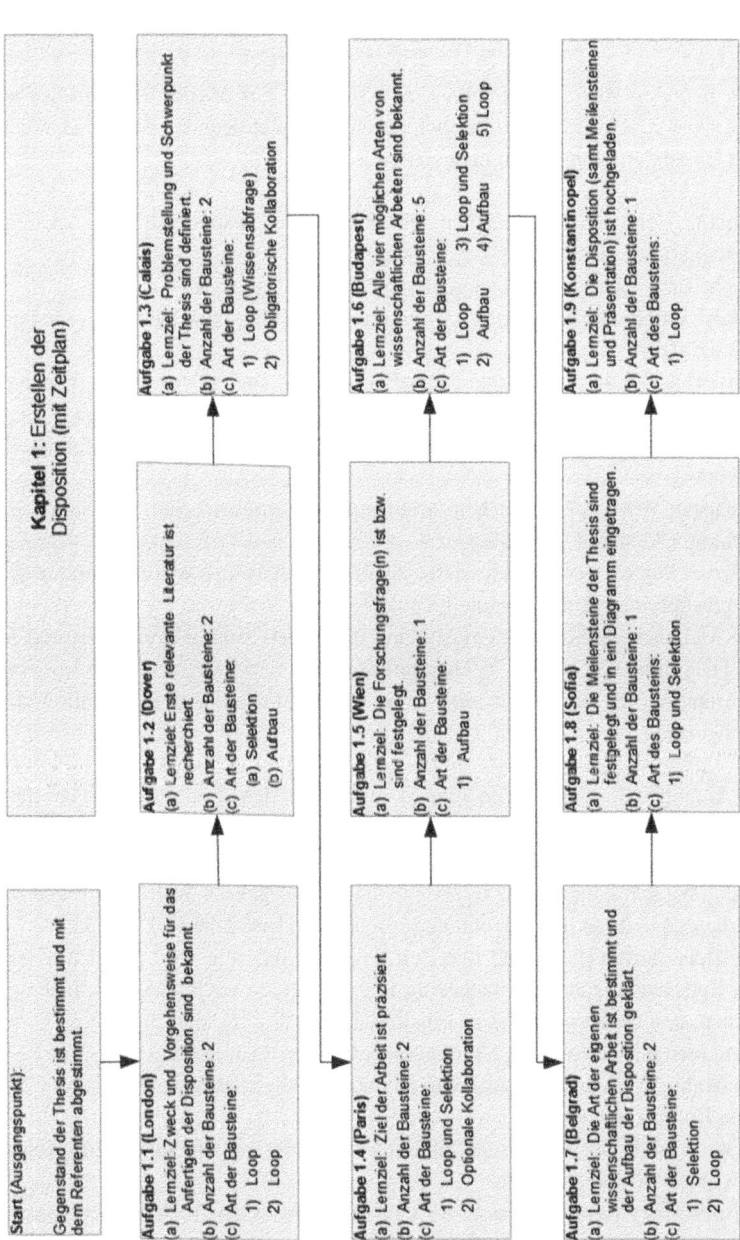

Abb. 4.4 Überblick über die Bausteine des Gamebooks „In 150 Tagen zur Master-Thesis". (Quelle: Eigene Darstellung)

Studierenden jeweils nötig wird. Er stellt die einleitende Erklärung des Gamebooks dar:

„Du befindest dich im Gamebook *In 150 Tagen zur Master Thesis*. Dies ist der erste von fünf Teilen. Er führt dich durch die nachfolgenden Städte, in denen jeweils Herausforderungen auf dich warten.

1. London: Vorgehen bei Erstellen und Zweck der Disposition sind bekannt. (Zeitanteil: ca. 10 %)
2. Dover: Erste Literatur ist recherchiert. (Zeitanteil: ca. 15 %)
3. Calais: Problemstellung und Schwerpunkt der Thesis sind definiert. (Zeitanteil: ca. 10 %)
4. Paris: Das Ziel bzw. die Ziele der Arbeit ist bzw. sind ausformuliert. (Zeitanteil: ca. 10 %)
5. Wien: Die Forschungsfrage(n) der Thesis ist/sind festgelegt. (Zeitanteil: ca. 5 %)
6. Budapest: Alle vier möglichen Arten von wissenschaftlichen Arbeiten sind bekannt. (Zeitanteil: ca. 25 %)
7. Belgrad: Die Art der eigenen wissenschaftlichen Arbeit ist bestimmt und in die Disposition integriert. (Zeitanteil: ca. 10 %)
8. Die Meilensteine bis zur Fertigstellung der Thesis sind ausformuliert und in ein Diagramm eingetragen. (Zeitanteil: ca. 5 %)
9. Konstantinopel: Die Disposition (samt Meilensteinen und Präsentation) ist hochgeladen. (Zeitanteil: ca. 10 %)

Deine Aufgabe ist es, die Disposition einer Master-Thesis zu verfassen und dies so gut zu machen, dass du damit einen Nobelpreis gewinnst. Es stehen dir verschiedene Experten zur Verfügung, welche mit dir ins Gespräch kommen und dich auch beraten können. Die Experten sind auf der ganzen Welt verteilt und du musst diese jeweils an ihrem Wohnort besuchen. Du hast dazu 150 Tage Zeit.

Die Reise kostet dich Geld und Zeit, wie viel das sein wird hängt nur von deinen Entscheidungen ab. Gleichzeitig mit dir werden noch andere Teilnehmer versuchen, den begehrten Preis zu erhalten. Du wirst mit ihnen in Kontakt kommen und dich mit ihnen arrangieren müssen. Gewinner ist, wer am wenigsten Zeit (Tage) benötigt, um ans Ziel zu kommen und (bei Gleichstand) am meisten Geld auf dem Konto aufweist.“

Dadurch erhält der Spieler, der zugleich Lernender ist, eine detaillierte Anleitung zu dem, was ihn erwartet.

Bei der *Story* handelt es sich um eine Weltreise. Der Story-Plot entspricht der „Reise mit Wiederkehr“. Das Story-Setting sieht vor, dass der Spieler

unterschiedliche Orte besucht, um dort mit Fachexperten sein Wissen aufzubereiten. Die Stationen sind auf der ganzen Welt verteilt. Der Spieler startet in London, reist weiter nach Calais und an andere Orte, bis er schließlich
einmal um die Welt gereist ist und wieder zurück nach London kommt. Die
Geschichte baut laufend neue Spannungsbögen auf. Der Spieler erhält seinen
nächsten Ort erst immer direkt im Gespräch mit dem Experten vor Ort. Auf
diese Weise wird die Reise zum Abenteuer, denn nicht immer geht die Reise so
vorwärts, wie der Spieler dies vermuten könnte. Auch trifft der Spieler immer
wieder auf unvorhergesehene Hindernisse, die er bewältigen muss.

Der Story-Teil lässt sich folgendermaßen charakterisieren:

- **Einleitung des Spiels:** Der Spieler benötigt zum Spielen des Gamebooks
  weder eine Einführung noch eine Gebrauchsanleitung. Alles, was er wissen
  muss, wird innerhalb der Geschichte direkt aufgebaut.
- **Spielrollen:** Der Spieler handelt ausschließlich in der Ich-Perspektive. Zu
  Beginn muss er seinen Namen eingeben. Da das Gamebook den Namen des
  Spielers kennt, kann es ihn in der Geschichte direkt ansprechen. Das gibt dem
  Spieler das Gefühl, dass er die Geschichte wirklich selbst erlebt. Andere Rol-
  len sind den Fachexperten, die in der Geschichte laufend vorkommen, zugewiesen.
- **Story-Plot, Story-Setting, Handlungsstruktur:** Die „Reise mit Wiederkehr"
  wird ausgestaltet durch Wissens-Gespräche mit Experten, die weltweit an verschiedenen Orten vorkommen. Die Experten sind jeweils vor Ort aufzusuchen,
  was wiederum Zeit als auch Geld kostet. Jeder Reiseabschnitt bzw. jeder Ort,
  an dem ein Wissensgespräch stattfindet, enthält einen eigenen in sich abgeschlossenen Spannungsbogen. Dadurch wird die Reise zu einem ständigen
  Abenteuer, im dem der Spieler andauernd neue Überraschungen erlebt.

Die *Spiel*-Komponente gestaltet sich folgendermaßen: Da es sich beim Story-Plot
um eine „Reise mit Wiederkehr" handelt, ist das Spielziel des Gamebooks die
erfolgreiche Rückkehr an den Ursprungsort „London". Als Spielressourcen kommen Zeit und Geld zum Einsatz. Beim Reisen gehen einerseits Reise-Tage verloren,
andererseits kostet das Reisen auch Geld. Da das Gamebook in einer Klasse von
Master-Studenten gespielt wird, hat derjenige Spieler gewonnen, der am schnellsten einmal um die Welt gereist ist und (bei Gleichstand) am wenigsten Geld dazu
benötigt hat. Die Spieler können über das Menü-System jederzeit den Spielstand
der anderen Spieler einsehen, was wiederum zu einem Wettbewerb führt.

Zu den Spielressourcen ist zu sagen, dass das Gamebook als Spielressourcen
„Zeit" in Form von Tagen und „Geld" in Form von Dukaten führt. Zu Beginn des

Gamebooks erhält jeder Spieler 5000 Dukaten. Das Gamebook ist so aufgebaut, dass ein durchschnittlicher Spieler im Gamebook in 150 Tagen um die Welt reisen kann. Diese Zeit entspricht der, die dem Spieler als Lerner auch im realen Kurs zur Verfügung steht. Damit erfährt der Spieler auch seinen eigenen Fortschritt im Kurs.

Innerhalb des Gamebooks sind sowohl strategische als auch zufällige Spielherausforderungen in der Geschichte eingebaut. Es ist möglich, an verschiedenen Orten aus mehreren Reisemitteln ein Reisemittel auszuwählen. Der Spieler entscheidet dadurch, ob bevorzugt Geld oder Zeit eingespart wird. Zudem sind zufällige Gewinne durch sogenannte Überraschungslose möglich, die zusätzliche Geld-Ressourcen schaffen können.

Was die *Digitalisierung* betrifft, ist das Gamebook *In 150 Tagen zur Master-Thesis* mit der Gamebook-Software Squiffy gestaltet und technisch umgesetzt. Es steht den Studierenden jeweils kapitelweise als Web-Link zur Verfügung. Das bedeutet, dass jedes dieser Kapitel ein eigenes Gamebook darstellt. Die Spieledaten eines Spielers bestehen aus seinem Namen, seiner Geldressource (Anzahl Dukaten) und seinem aktuellen Reisetag (Anzahl Reisetage). Diese Angaben kann ein Spieler über das Menü-System, zusammen mit der aktuellen Herausforderung, in der er sich befindet, jederzeit abspeichern und wiederherstellen (Spielstand laden). Zudem ist es möglich, das Spiel-Gerät zu wechseln. Das Gamebook kann beispielsweise auf einem Laptop begonnen und auf einem Smartphone weitergeführt werden. Die Spielstandspeicherung über das Internet ist allerdings Voraussetzung, um den Spielstand anderer Mitspieler jederzeit einzusehen.

Das Gamebook benötigt keine Datenbank, um Spieler mit ihrem Namen zu erfassen und ihnen einen Speicherplatz zuzuweisen. Stattdessen wird jedem Spieler ein unterschiedliches Passwort zugewiesen. Durch die Passwortabfrage beim Laden und Speichern durch den Spieler sind die Daten ausschließlich benutzerspezifisch zu gebrauchen.

4.3   Weblinks und Quellcodes zur Erstellung des eigenen digitalen Gamebooks

Im Folgenden findet sich eine Übersicht über sämtliche Weblinks, die in diesem Buch verwendet werden. Die entsprechenden Quellcodes finden sich jeweils darauffolgend.

Die Weblinks erstrecken sich vom einfachen Demonstrationsbeispiel *Eisenhower-Matrix* (vgl. Abschn. 1.3) über die Integration wichtiger Funktionalitäten (*Mein Hotelzimmer 1 bis 6*, vgl. Abschn. 3.1) bis hin zum Fallbeispiel *Kreuzfahrt zur Vertrauensformel* (vgl. Abschn. 4.1) Weiterführend besteht zudem die Möglichkeit, das umfassendere Gamebook *In 150 Tagen zur Master-Thesis* (vgl. Abschn. 4.2) selbst zu spielen.

Im Sieben-Schritte-Schema zur Erstellung eines digitalen Gamebooks befinden sich abschließend die Quellcodes und Weblinks für die standardisierten Templates der Baustein-Typen.

Im Einzelnen handelt es sich um folgende Weblinks:

1. Demonstrationsbeispiel *Eisenhower-Matrix*
   - Das fünfminütige Demo-Beispiel *Eisenhower-Matrix,* wie in Abschn. 1.3 behandelt, stellt die Funktionsweise digitaler Gamebooks vor und ist auf folgender Webseite hinterlegt:
     http://www.gamebook.ch/dgb/eisenhower
     Der dazugehörige Quellcode findet sich unter:
     http://www.gamebook.ch/dgb/eisenhower.txt
2. Fallbeispiel *Mein Hotelzimmer*
   Das Fallbeispiel *Mein Hotelzimmer,* wie in Abschn. 3.1 dargestellt, verdeutlicht die Integration unterschiedlicher Funktionen in der Squiffy-Entwicklungsumgebung.
   - *Mein Hotelzimmer 1* verdeutlicht die Grundfunktion eines Gamebooks und ist unter folgendem Weblink abrufbar:
     http://www.gamebook.ch/dgb/Mein-Hotelzimmer-1
     Der passende Quellcode ist folgendermaßen hinterlegt:
     http://www.gamebook.ch/dgb/Mein-Hotelzimmer-1.txt
   - In *Mein Hotelzimmer 2* wird die benutzerspezifische Eingabe durch das Einfügen einer Variablen, die den Namen enthält, hergestellt.
     http://www.gamebook.ch/dgb/Mein-Hotelzimmer-2
     Der dazugehörige Quellcode ist folgendermaßen hinterlegt:
     http://www.gamebook.ch/dgb/Mein-Hotelzimmer-2.txt
   - Das Hinzufügen veränderbarer Ressourcen wie Geld oder Erfahrungspunkte wird in *Mein Hotelzimmer 3* erläutert und ist unter folgendem Weblink abrufbar:
     http://www.gamebook.ch/dgb/Mein-Hotelzimmer-3
     Der passende Quellcode ist folgendermaßen hinterlegt:
     http://www.gamebook.ch/dgb/Mein-Hotelzimmer-3.txt
   - Das Einfügen bedingungsabhängiger Aktionen, mit denen Entscheidungssituationen abgebildet werden, ist in *Mein Hotelzimmer 4* ersichtlich und folgendermaßen abrufbar:
     http://www.gamebook.ch/dgb/Mein-Hotelzimmer-4

Der dazugehörige Quellcode ist folgendermaßen hinterlegt:
http://www.gamebook.ch/dgb/Mein-Hotelzimmer-4.txt
- In Mein *Hotelzimmer 5* wird das Einfügen von Weblinks, Bildern und HTML-Anweisungen können zusätzliche Informationen aufgezeigt. Der dazughörige Weblink lautet:
http://www.gamebook.ch/dgb/Mein-Hotelzimmer-5
Der passende Quellcode ist folgendermaßen hinterlegt:
http://www.gamebook.ch/dgb/Mein-Hotelzimmer-5.txt
- Die Einbindung von Kollaborationsräumen durch das Einfügen von Weblinks mit einer Web-2.0-Applikation herbeigeführt wird in *Mein Hotelzimmer 6* aufgezeigt und ist folgendermaßen abrufbar:
http://www.gamebook.ch/dgb/Mein-Hotelzimmer-6
Der dazugehörige Quellcode ist folgendermaßen hinterlegt:
http://www.gamebook.ch/dgb/Mein-Hotelzimmer-6.txt
3. Fallbeispiel *Kreuzfahrt zur Vertrauensformel*
Die für das Fallbeispiel *Kreuzfahrt zur Vertrauensformel* relevanten Dateien zum Download befinden sich unter den nachfolgenden Weblinks.
- Squiffy-Quellcode in den Formaten .squiffy und .txt
http://www.gamebook.ch/dgb/quellcode-kreuzfahrt.squiffy
http://www.gamebook.ch/dgb/quellcode-kreuzfahrt.txt
- Gamebook *Kreuzfahrt zur Vertrauensformel* als ZIP-Datei
http://www.gamebook.ch/dgb/kreuzfahrt.zip
Das Gamebook *Kreuzfahrt zur Vertrauensformel* kann hier online gespielt werden:
- http://www.gamebook.ch/dgb/kreuzfahrt
4. Fallbeispiel *In 150 Tagen zur Master-Thesis*
Das erste Kapitel dieses Gamebooks, das den Inhalt des Abschn. 4.2 bildet, kann unter folgendem Weblink gespielt werden:
- http://www.gamebook.ch/dgb/master/in-150-tagen-1
Der dazugehörige Quellcode ist folgendermaßen hinterlegt:
- http://www.gamebook.ch/dgb/master/in-150-tagen-1.txt

Abschließend sind die sieben Schritte zur Gamebook-Erstellung aufgezählt, die bei der Anfertigung eines digitalen Gamebooks sukzessive zu durchlaufen sind.

Die **sieben Schritte zur Erstellung des digitalen Gamebooks** gestalten sich folgendermaßen:

1. Schritt: Einteilung des Lerninhalts und Definition der Lernziele (vgl. Abschn. 2.2.1 und 2.2.2)

Die Wissenskomponenten beinhalten das zu vermittelnde Wissen, das der Spielende im Laufe des Gamebooks erlernen soll. Die einzelnen Komponenten werden jeweils durch das Lernziel und den Lerninhalt definiert. Zur didaktischen Messbarkeit erfolgt eine Zuordnung der Lernziele zu einer Wissensdimension und einer kognitiven Ablaufdimension. Durch die Einteilung des Lerninhalts erfolgt zudem die Festlegung des gesamten Gamebook-Ablaufs. Der entsprechende Weblink ist folgendermaßen abrufbar:

* http://www.gamebook.ch/dgb/Schritt-1.pdf

2. Schritt: Festlegung des Story-Designs (vgl. Abschn. 2.3)

Im Story-Design werden die Handlungsstruktur der Story, der Story-Plot und das Story-Setting festgelegt. Die Handlungsstruktur bildet das Grundgerüst der Geschichte. Sie hilft dem Leser, der Geschichte zu folgen und diese als spannend zu empfinden. Der Story-Plot gibt den Zweck der Geschichte vor und bestimmt dadurch das Ziel des Spiels. Das Story-Setting beantwortet die Frage nach der Ausgestaltung des Story-Plots. Der dazugehörige Weblink findet sich unter

* http://www.gamebook.ch/dgb/Schritt-2.pdf

3. Schritt: Bestimmung der spielrelevanten Elemente (vgl. Abschn. 2.4)

Basierend auf dem Story-Design sind die spielrelevanten Elemente festzulegen. Dazu zählen die Spielressourcen wie Zeit oder Geld, die Einsatzhinweise und das Siegkriterium. Der entsprechende Weblink lautet

* http://www.gamebook.ch/dgb/Schritt-3.pdf

4. Schritt: Strukturierung des Gamebooks mithilfe der Bausteinstruktur (vgl. Abschn. 2.2.3 und Kap. 3)

Dabei werden folgende Eigenschaften des jeweiligen Bausteins bestimmt: Bausteinnummer, Vorgänger-Baustein, Nachfolger-Baustein, Baustein-Typ, Lernziel, Thema des Lerninhalts, Wissensdimension, Kognitive Prozessdimension, Teil der Story, (Action) und Spielressource. Ein entsprechender Weblink findet sich unter

* http://www.gamebook.ch/dgb/Schritt-4.pdf

5. Schritt: Schreiben des Story-Textes je Baustein und Zuteilung der Spielressourcen
Für jeden Baustein erfolgt das Schreiben des Story-Textes und das Hinzufügen der Spielressourcen, diese sind an den entsprechenden Stellen einzufügen. Der entsprechende Weblink ist folgendermaßen abrufbar:

- http://www.gamebook.ch/dgb/Schritt-5.doc

6. Schritt: Erzeugung der Quellcodes je Baustein und Integration der Story-Texte

Der Quellcode (ohne den Story-Text) kann entweder anhand der vorgegebenen Template-Dateien *Loop, Selektion, Loop und Selektion, Aufbau, Obligatorische Kollaboration und Optionale Kollaboration* oder mithilfe des Template-Generators erzeugt werden (vgl. Abschn. 3.2). Deren Ablaufstruktur und Quellcodes sind unter den nachfolgenden Weblinks abrufbar:

- Template für Baustein-Typ *Loop*
  - http://www.gamebook.ch/dgb/templates/loop.jpg
  - http://www.gamebook.ch/dgb/templates/loop.txt
- Template für Baustein-Typ *Selektion*
  - http://www.gamebook.ch/dgb/templates/selektion.jpg
  - http://www.gamebook.ch/dgb/templates/selektion.txt
- Template für Baustein-Typ *Loop und Selektion*
  - http://www.gamebook.ch/dgb/templates/loop+selektion.jpg
  - http://www.gamebook.ch/dgb/templates/loop+selektion.txt
- Template für Baustein-Typ *Aufbau*
  - http://www.gamebook.ch/dgb/templates/aufbau.jpg
  - http://www.gamebook.ch/dgb/templates/aufbau.txt
- Template für Baustein-Typ *Obligatorische Kollaboration*
  - http://www.gamebook.ch/dgb/templates/obl-kollaboration.jpg
  - http://www.gamebook.ch/dgb/templates/obl-kollaboration.txt
- Template für Baustein-Typ Optionale Kollaboration
  - http://www.gamebook.ch/dgb/templates/opt-kollaboration.jpg
  - http://www.gamebook.ch/dgb/templates/opt-kollaboration.txt
- Die Templates aller Baustein-Typen können hier als gepackte ZIP-Datei heruntergeladen werden:
  - http://www.gamebook.ch/dgb/templates.zip
- Mithilfe des Template-Generators können die einzelnen Bausteine als Templates automatisiert erzeugt werden:
  http://www.gamebook.ch/dgb/templategenerator.zip

7. Schritt: Veröffentlichung des Gamebooks

Der Zugang zur Software *Squiffy,* die zur Erstellung und Veröffentlichung des Gamebooks eingesetzt wird, findet sich unter folgendem Weblink:
http://textadventures.co.uk

Weiterführende Literatur

Buch

Maister, D. H., Green, C. H., Galford, R. M. (2001): The Trusted Advisor. Free Press, 2001.

The manufacturer's authorised representative in the EU is Springer
Nature Customer Service Centre GmbH, Europaplatz 3, 69115 Heidelberg,
Germany. If you have any concerns regarding our products, please
contact ProductSafety@springernature.com

Printed and bound by CPI Group (UK) Ltd, Croydon, CR0 4YY
27/04/2026
02097666-0003